Gebrauchsanweisung für Nachbarn

Martin Hyun und
Wladimir Kaminer

Gebrauchsanweisung für Nachbarn

PIPER

Mehr über unsere Autorinnen, Autoren und Bücher:
www.piper.de

Wenn Ihnen dieses Buch gefallen hat, schreiben Sie uns unter Nennung des Titels »Gebrauchsanweisung für Nachbarn« an *empfehlungen@piper.de,* und wir empfehlen Ihnen gerne vergleichbare Bücher.

Von Martin Hyun liegen im Piper Verlag vor:
Gebrauchsanweisung für Nachbarn (mit Wladimir Kaminer)
Gebrauchsanweisung für Südkorea

Unser Versprechen für mehr Nachhaltigkeit
- Klimaneutrales Produkt
- FSC®-zertifiziertes Papier
- Hergestellt in Europa

FSC www.fsc.org MIX Papier | Fördert gute Waldnutzung FSC® C083411

ISBN 978-3-492-27769-3

Satz: Fotosatz Amann GmbH & Co KG, Memmingen
Gesetzt aus der Bembo und der Trade Gothic
Litho: Lorenz & Zeller, Inning am Ammersee
Druck und Bindung: CPI books GmbH, Leck
Printed in the EU

»Die Hölle, das sind die anderen.«

Jean-Paul Sartre

Inhalt

Unsere Arche Noah

Wladimir Kaminer

Eines Tages mitten im Sommer wurde ich von Kirchenglocken geweckt. Ich hörte sie nah und deutlich, als würde bei uns im Haus jemand um zehn vor neun laut die Glockenzunge schwingen. Woher kamen die Glocken? Wir haben weit und breit keine Kirche in unserer Straße, die nächste ist die Gethsemanekirche, die Wiege der deutsch-deutschen Revolution, sie hat ein kaputtes Dach, soweit ich weiß, keine Glocken mehr und ist gute zwei Kilometer entfernt. Hatten etwa meine Nachbarn bei sich zu Hause Glocken aufgehängt und schwangen ihren Strang, um unser Wohngemeinschaftsgefühl zu stärken?

Ich hätte es ihnen zugetraut, das Ehepaar, das über uns wohnt, singt in einem Chor. Sie heißt Julia, und ihren Mann kenne ich nur vom Sehen, ich glaube, sie haben sich beim Singen kennengelernt und noch im gleichen Jahr ein sehr lautes Kind zur Welt gebracht, das sehr schnell wächst und bald wahrscheinlich im gleichen Chor mitsingen wird.

Eine Kirchenglocke mit nach Hause zu nehmen wäre für die junge Familie sicher eine konsequente Entscheidung, eine Bereicherung ihrer heimischen Idylle.

Ich schaute trotzdem vom Balkon herunter, in der Hoffnung irgendwo unten eine Glocke zu entdecken, die Stadt wird laut bei hohen Temperaturen. Der Sommer brachte eine Hitzewelle nach der anderen, ich verbrachte die meiste Zeit auf dem Balkon, machte alle Fenster und Türen in der Wohnung auf, um ein bisschen durchzulüften, und mit der warmen Luft füllten sich die Räume auch mit Straßengeräuschen – im Vorderhaus, erster Stock, wie konnte es anders sein?

Man hörte, wie die Bremsen der Fahrradkuriere quietschten und wie Farid unten in der Eisdiele im Erdgeschoss seinen Eisportionierer auswischte. Aber keine Glocken bis jetzt. Neben der Eisdiele haben wir noch ein streng riechendes nepalesisches Streetfood-Restaurant mit hundert Reisgerichten und exotisch gefärbten kleinen Köstlichkeiten. Dort habe ich schon einmal aus Versehen in die Serviette gebissen, weil ich sie mit einer nepalesischen Vorspeise verwechselt hatte. Ehrlich gesagt, schmeckte die Serviette ähnlich. In einem Buch über indonesische Landarbeiterkollektive las ich neulich, dass Reis sprechen kann. Jedes Reiskorn spricht zu uns, erzählen die Indonesier, es spricht zwar sehr leise, aber wenn es viele Körner sind, kann es richtig laut werden. Deswegen kracht es so gewaltig, wenn ein Sack Reis irgendwo auf der Welt umfällt. Das ist ein sehr poetisches Bild. Seit ich darüber gelesen habe, bilde ich mir ein, dass ich Reisgespräche hören kann, besonders wenn die Gäste unten im Restaurant zu viel davon auf dem Teller lassen, ihre bestellten Gerichte nicht aufessen.

In solchen Augenblicken möchte ich vom Balkon runterschreien: »Bitte aufessen!« Aber ich traue mich nicht. Sie würden denken, ich sei verrückt geworden. In meinem sowjetischen Kindergarten hatte unsere Erzieherin, die dicke Tamara, zur Mittagszeit immer auf Lenin gezeigt, der von einem Bild an der Wand streng auf uns herabblickte. Tamara wollte uns mit diesem simplen Trick zum Aufessen zwingen. Sie sagte, sollten wir irgendetwas vom widerlichen Kartoffelpüree auf dem Teller lassen oder gar versuchen, das Zeug wegzuschmeißen, würde der Anführer des Weltproletariats es merken und uns bestrafen. Es war unsere heilige Pflicht, alles aufzuessen und groß und stark zu werden, um beim Aufbau des Kommunismus kräftig mitzuhelfen.

Unser Kinderkollektiv steckte in einer verheerenden Sackgasse, wir konnten das widerliche Püree nicht aufessen, aber es wegzuschmeißen ging auch nicht, wegen Lenins streng blickenden Augen. Zum Glück hatten wir das Kind Alexander in unserer Gruppe, einen Jungen mit unglaublichem Appetit, er hat für alle aufgegessen und ist, glaube ich, auch als Einziger aus unserem Kollektiv groß und stark geworden. Er wog schon damals mehr als die Erzieherin, ein richtiges 100-Kilo-Baby. Dem Kommunismus hat es trotzdem nicht geholfen. Seit dem Kindergarten misstraue ich den Kollektiven, und ich weiß, dass dieses Misstrauen von vielen meiner Landsleute, die eine sozialistische Erziehung genossen haben, geteilt wird.

Ob in der Schule, beim Sport, in der Armee oder bei der Arbeit, wir mussten immer alles, egal was, Hauptsache, *gemeinsam* tun. Nur zu Hause im privaten Raum, zu dem der Staat keinen Zugang hatte, konnte man sich von den Kollektiven lösen und nur für sich und seine Familie da sein. Lange Zeit haben meine Eltern wie viele andere Bürger in meiner Heimat in kommunalen Wohnungen gelebt, es waren unfreiwillige Wohngemeinschaften, drei oder vier Familien teilten sich eine Wohnung, hatten eine gemeinsame Küche und ein gemeinschaftlich genutztes Bad. In der Regel waren es Menschen, die einander nicht leiden konnten, sie wurden wegen der engen Wohnbedingungen zur Kooperation gezwungen, mussten auf dem gleichen Herd kochen, im gleichen Kühlschrank ihre Töpfe aufbewahren und ständig aufpassen, dass der Nachbar einem nicht in die Suppe spuckte. Eine solche Enge des Wohnraums kann selbst die fröhlichsten und anständigsten Menschen verderben. Sie waren nicht einmal in der Lage, gemeinsam Toilettenpapier einzukaufen oder die Stromkosten gerecht zu teilen, jeder ging mit seiner eigenen Glühbirne auf die Toilette. In einer solchen Wohnung bin ich auf die Welt gekommen. Erst als ich drei Jahre alt wurde, bezogen meine Eltern eine eigene kleine Zweizimmerwohnung in einem neu gebauten Haus am Moskauer Stadtrand.

Alle in diesem Haus waren frisch eingezogen, sie freuten sich sehr über die Unabhängigkeit, die ihnen geschenkt wurde, und wollten von den Nachbarn nichts wissen. Wir wussten nicht einmal, wie unsere Nachbarn hießen. Es war nicht üblich in der Sowjetunion, seinen Namen an die Tür oder an den Briefkasten zu schreiben. Die Türen und die Briefkästen waren nummeriert. Unser Haus hatte 180 Wohneinheiten – nicht zu viel und nicht zu wenig für sowjetische Verhältnisse. Die Wohnung 77 war unsere ganz private Arche Noah, meine Eltern hatten keine Lust, die 76er oder die 78er kennenzulernen, von den restlichen 177 Wohneinheiten ganz zu schweigen.

Der einzige Mann, den alle im Haus kannten, war der Klempner Viktor aus dem ersten Stock. Ich glaube, er hatte ein Problem mit häuslicher Gewalt. Er schlug seine Frau, die ihn daraufhin verließ, aber nach einer Weile immer wieder zurückkam. In den Phasen des Alleinseins fing Klempner Viktor an zu saufen. In betrunkenem Zustand schlich er durchs Haus, klopfte an jede Tür und rief: »Machen Sie auf, ich höre eine Frau schreien! Ich weiß, was Sie gerade treiben, öffnen Sie, sonst breche ich die Tür auf.« Er hörte schreiende Frauen im Suff. Niemand hat ihm aufgemacht. Kollektive waren bei uns verpönt. Erst im sonnigen Deutschland wurde ich wieder mit Nachbarkollektiven konfrontiert. Wir sind in Berlin in ein Haus gezogen, in dem fast nur junge, aufgeklärte Wessis mit kleinen Kindern lebten, herzensgute Menschen, die Grün wählen, kein Fleisch essen und die Welt retten wollen. Sie haben große Lust an kollektiven Taten, ohne sich einander einzuladen. Einige von ihnen sind Chorsänger.

Gleich im ersten Jahr bekamen wir im hauseigenen Chat von den Nachbarn das Angebot, im Projekt »Das singende Haus« mitzuwirken. Dafür sollten wir am Heiligen Abend »Stille Nacht, heilige Nacht« singen, alle zusammen und zur gleichen Zeit, aber jeder auf seinem eigenen Balkon.

»Danke für die Einladung, aber lieber nicht, wir kennen den Text nicht«, antwortete ich.

»Den Text kann ich Ihnen schicken«, schrieb uns die Nachbarin Julia zurück.

Wir haben uns erst nichts dabei gedacht, hielten es für eine lustige Marotte. Okay, das sind die Zeichen der Zeit: Kollektive arbeiten gern an Projekten und singen gern. Das ist nichts Ungewöhnliches hierzulande. Ich habe mal in einer Statistik gelesen, dass 14 Millionen

Deutsche in Chören singen, das will schon was heißen. Etliche Männer und Frauen haben sich in Chören kennengelernt, ihre Kinder haben vermutlich gleich nach der Geburt auch zu singen angefangen. Wenn alle Chordeutschen gleichzeitig »Stille Nacht, heilige Nacht« anstimmen, zittern wahrscheinlich die Fensterscheiben von Hoyerswerda bis Baden-Baden.

Alle Nachbarn haben den Vorschlag, gemeinsam zu singen, sofort mit Begeisterung aufgenommen. Außer uns. Wir verstanden nicht, warum wir mit den Nachbarn »Stille Nacht« singen sollten, wir hatten andere Dinge vor. Die Nachbarn haben unsere Absage mit Verständnis aufgenommen, wir haben im Haus sowieso den Ruf der verlorenen Menschen, die eigentlich okay sind, freundlich grüßen und sogar gelernt haben, ihre leeren Flaschen nach Farben zu trennen und in zwei verschiedene Container zu schmeißen, aber die sich, von der sozialistischen Erziehung nachhaltig beschädigt, permanent weigern, an kollektiven Aktivitäten teilzunehmen. »Es war der schönste Abend unseres Lebens!«, schrieben etliche Hausbewohner nach der Erfahrung des gemeinsamen Singens. »Wir müssen das jedes Jahr machen.«

Unsere Nachbarn haben ständig neue Ideen für kollektive Aktivitäten. Das neueste Projekt im Sommer war der gemeinsame Aufbau eines Vogelhäuschens auf dem Hof, damit die wunderbaren Singvögel, die Amseln und die Drosseln, die Nachtigallen, die mir den Schlaf rauben, ihr eigenes Zuhause bei uns auf dem Hof bekommen, dort Nachwuchs großziehen und vielleicht eines Tages statt der Russen mit den Nachbarn zusammen »Stille Nacht« anstimmen. Als fortschrittliche, aufgeklärte Großstadtbürger freuen sich meine Nachbarn über jede Möglichkeit, den Tieren und Pflanzen in der Großstadt ihr Leid zu mindern, sie kümmern sich um die Umwelt und darum, dass alle Lebewesen eine gleichberechtigte Behandlung bekommen. Zum Teufel mit den Hierarchien der Vergangenheit! Ob Russen, Füchse oder Pflanzen, wir gehören alle zusammen! An dem Projekt Vogelhausbau wollten sich alle beteiligen (außer uns, versteht sich), mindestens zehn Erwachsene und fünf Kinder fanden sich auf dem Hof mit Werkzeug und Holzmaterial ein und bauten heftig mit, während wir auf dem Balkon saßen und rauchten.

Das Vogelhaus geriet sehr groß, es erinnerte mich ein wenig an die frühen Entwürfe von Gaudí, eine Art gelungene Karikatur des katalanischen Jugendstils. Die halbe Nacht feierten die Nachbarn ihre Vogelhauseinweihung, dafür hatten sie Bänke und Tische in den Hof gestellt und Geld für eine Kiste Bier zusammengelegt. Die Kinder malten ein buntes Willkommensschild für die Vögelchen. Die Vögelchen ließen nicht lange auf sich warten. Schon am nächsten Tag zogen welche in das Häuschen ein. Doch es waren die falschen. Die Nachbarn waren maßlos enttäuscht, sie hatten das Häuschen schließlich für die Singvögel gebaut und nicht für diese widerlichen Ratten der Lüfte, die im nepalesischen Restaurant die sprechenden Himalaja-Reiskörner und Bohnen in Bioqualität von den Tellern picken, davon Durchfall bekommen und uns den Hof vollscheißen, ohne dabei auch nur ansatzweise »Stille Nacht« zu singen. Sie sind wie die Russen, zu gemeinschaftlichem Singen überhaupt nicht geneigt.

Im hauseigenen Chat entwickelte sich ein mörderisches Taubenmobbing. Diese Vögel seien hier nicht willkommen, sie müssten verschwinden, gehörten quasi gar nicht zur Natur, sondern gäben sich bloß als Vögel aus, seien in

Wahrheit aber fliegende Dreckschleudern. Ein Glück, dass die Tauben nicht lesen konnten und kein Internet in ihrem Gaudí-Häuschen hatten, sonst wären sie sehr gekränkt gewesen und für den Rest ihres ohnehin anstrengenden Lebens mit einem psychischen Schaden davongeflogen. »Wir müssen den Eingang in das Gaudí-Häuschen verkleinern, damit die widerlichen Vögel nicht reinkommen können«, beschloss das Nachbarkollektiv. Dafür mussten aber die Tauben zuerst herausgelockt werden. Sie witterten Verrat und saßen im Häuschen fest. Am Ende des Tages hatten die schlauen Nachbarskinder es jedoch geschafft, die Tauben aus dem Häuschen zu bekommen. Wie einst Hänsel und Gretel hatten sie mit Krümelchen von einer Brezel einen Weg nach draußen ausgelegt, raus aus dem Häuschen und rein in die Obdachlosigkeit. Sollten die Tauben doch nach Steglitz fliegen und dort alles vollscheißen, dachte wahrscheinlich das Nachbarkollektiv.

Kaum waren die Vögel draußen, wurde der Eingang vom Gaudí-Haus verkleinert, an die willkommenen Vogelarten angepasst. Wir wunderten uns nicht schlecht, wie schnell die Degradierung der Tauben über die Bühne ging. Einst galten sie als Symbole des Friedens, schöne weiße Tauben waren auf jedem Bild, auf jedem Antikriegsplakat abgebildet, sie hatten Ölzweige im Schnabel. Dann war etwas passiert, vielleicht hatte eine Taube einem Friedensaktivisten während einer Demo auf den Hut geschissen, denn plötzlich war der Vogel nur noch für den Dreck neben den Mülltonnen zuständig, wurde überall verachtet und verschmäht, war ein überflüssiges Glied in unserer singenden Symbiose.

Der Eingang des Vogelhäuschens wurde also angepasst, und tatsächlich zogen nun Amseln ein. Jetzt werden wir das ganze Jahr über Musik im Haus haben: Im Frühling und Sommer singen die Vögel, im Winter die Nachbarn.

Abends traf ich meine Nachbarin Julia im Treppenhaus und befragte sie zu ihrer Gesangskarriere. Sie erzählte mir, dass sie gar nicht mehr im Chor singen wolle, sondern nur noch bei uns im Haus. Sie hatte sich mit dem Chor zerstritten.

»Wie ist das passiert?«, fragte ich sie.

»Durch eine Dummheit, eine unglaubliche Dummheit!«, meinte Julia. Sie habe nämlich ihren ganzen Chor mit Corona angesteckt, 27 Menschen im eigenen Chor infiziert. Der Schnelltest sei negativ gewesen, sie habe es blauäugig geglaubt, und dann mehr als die Hälfte vom Chor: paff, weg! Es war ein skurriler Moment: Alle haben sie krank gesehen, haben offen darüber gesprochen, haben gefragt, ob es ihr gut gehe. Sie sagte, es sei nur Schnupfen, und alle wollten mit ihr diesen Glauben teilen. Sie glaubten auch, dass es nur ein Schnupfen sei. Im Nachhinein konnte sie sich diesen Moment kollektiver Blindheit nicht erklären.

Neulich hatten sie einen Zoom-Treff. Ihr Bildschirm war voll mit Gesichtern von Menschen, die wirklich krank aussahen. Es war schrecklich und beeindruckend zugleich, erzählte Julia, wie ein Improvisations-Theaterstück, in dem jede Figur eine Minute Zeit hat, um das Beste von ihrem Charakter zu zeigen. Fast alle besaßen die Großzügigkeit zu erklären, dass es keine Schuldige gebe, dass alles auf dem Planeten ein Ende habe, dass es sowieso früher oder später passiert wäre und so weiter. Leute, die wirklich krank waren, die alle ihre Projekte auf Eis legen mussten und dennoch die Kraft hatten, die dumme Verursacherin ihres Leids zu trösten. Ein Höhepunkt im Chor. Aber dann kam jemand vom Vorstand und ließ all den Frust und die Wut an ihr aus – und machte alles kaputt.

Es sei eine perverse Dynamik, meinte Julia. »Wenn wir in der Lage wären, auf diejenigen zu hören, die sagen, dass wir nicht nach Schuldigen suchen müssten, könnten wir weiterhin eine gute Atmosphäre in der Gruppe haben. Doch wenn zu viele Menschen anfangen, der Schuldfrage Raum zu geben, kann die Atmosphäre unerträglich werden: zu viele Menschen, die in anderen einen Spiegel sehen, der ihnen ein unangenehmes Bild von sich selbst zeigt. Ist das nun eine echte griechische Tragödie oder nicht?«, fragte sie mich.

»Nein«, sagte ich. »Das ist keine echte griechische Tragödie. In der echten griechischen Tragödie stirbt der Held und wird vom Chor bemitleidet. In deiner Variante geht der Chor drauf, und der Held beziehungsweise die Heldin hat Gewissensbisse, weil sie den Chor angesteckt hat. Dabei kann der Chor sich eigentlich glücklich schätzen. Alle Beteiligten haben jetzt eine hybride Immunität, den besten Schutz gegen weitere Virenüberfälle. Und diesen Schutz haben sie nicht aus ungewisser Quelle, sondern aus dem eigenen Kollektiv, von einer vertrauten Stimme«, versuchte ich sie zu beruhigen. Und fragte, ob es möglich sei, dass sie aus Frust jetzt Kirchenglocken in der Wohnung installiert habe.

Nein, sie habe keine Glocken, sagte sie, und habe auch nichts dergleichen gehört.

Später an dem Abend vernahm ich die Glocken erneut und ging verzweifelt runter auf die Straße, den Glöckner suchen. Volltreffer! Die Nepalesen hatten neben der Eingangstür ihres Restaurants eine Winkekatze mit einer Glocke aufgestellt, jeder Besucher sollte beim Rein- und Rausgehen daran läuten und mit den Reiskörnern ins Gespräch kommen.

Wie eine Arche Noah schwimmt unser Haus singend, leuchtend und läutend in Richtung sagenhafte Zukunft. Ab und zu werden ungeliebte Arten über Bord geworfen, gestern waren es die Tauben, wer ist morgen dran?

Fluch der Karibik im Wedding

Martin Hyun

Meine Bekannte Swantje kehrte nach einigen Jahrzehnten in Südkorea, wo sie als Dozentin gearbeitet hatte, nach Berlin zurück. Sie und ihr Mann kauften sich eine Hinterhofwohnung in Charlottenburg. Nicht ahnend, dass die Wohnung einst ein hochflorierendes Domina- und Sklavenstudio war. Von Kimchi zur Peitsche, sozusagen. In diesen Räumlichkeiten wurden die ungewöhnlichen Sexfantasien von Männern aus der gehobenen Schicht erfüllt. Doch das war nun Vergangenheit. Die Wohnung war ein echtes Chamäleon, einst ein Ort von Lust und Schmerz, wurde sie zu einem gemütlichen Liebesnest für Swantje und ihren Gatten. Die Nachbarn müssen gedacht haben, sie hätten das Glück gefunden: ein perfektes Paar, welches das ehemalige SM-Hauptquartier in ein Wohnparadies verwandelte. Aber die Vergangenheit hat eine seltsame Art, uns einzuholen. Einige Stammkunden trauern der Schließung des Studios immer noch nach und klingeln zu unterschiedlichen Tageszeiten bei Swantje an der Wohnungstür in der Hoffnung, dass ihre Domina wie einst die Tür öffnet. Jedes Mal schickt Swantje die enttäuschten Männer höflich nach Hause oder drückt ihnen einen Flyer mit alternativen Adressen in die Hand. Sie nimmt die Begegnungen mittlerweile gelassen. In Südkorea hat sie gelernt, wie man Ruhe bewahrt. Solange es harmonisch mit den Nachbarn läuft, kann das bunte Klingelkarussell egal sein.

Der Vater meines Kumpels Adrian hatte dagegen einen genialen Schlachtplan für das Finden der perfekten Nachbarschaft ausgeheckt. Neues Viertel, neues Glück – wie ein frischer Eheanfang. Schließlich sagt man nicht umsonst: »Drum prüfe, wer sich ewig bindet.« Adrians Vater kaufte sich ein Stück Land, und bevor er darauf sein Traumhaus setzte, kaufte er sich zwei alte Wohnwagen und kampierte für zwei Jahre auf seinem neuen Grundstück. So studierte er die gesamte Nachbarschaft wie ein Buch. Er kannte die Vorlieben, Abneigungen und Marotten seiner neuen Nachbarn besser als jeder andere. Erst als er absolut sicher war, dass die Nachbarschaft passte, schritt er zur Tat und begann, sein Traumhaus zu bauen. Er wollte keinesfalls das gleiche Schicksal erleiden wie eine Frau, die sich in ein Finnhaus in einem Campingplatz- und Wochenendhausgebiet im malerischen Emsland in Niedersachsen verliebte und es ohne vorherige Nachbarschaftsprüfung erwarb. Der Verkäufer hatte ihr noch versichert: »Sie werden sich ganz schnell einleben und bei den Nachbarn Anschluss finden!« Doch mit der Zeit bemerkte sie Unregelmäßigkeiten und Missstände in ihrer neuen Wohnanlage. Angefangen bei verworrenen Eigentumsverhältnissen bis hin zu Schwarzbauten und endlosen Problemen mit der Postzustellung. Als sie bei den Behörden nachhakte, geriet sie in Meinungsverschiedenheiten mit den Nachbarn und wurde zunehmend ausgegrenzt. Dies gipfelte darin, dass Unbekannte ihr Haus mit Eiern bewarfen und Silvesterknaller direkt vor ihrer Haustür zündeten. Doch der absolute Albtraum ereignete sich, als ein verheerender Brand in ihrem Haus ausbrach, bei dem die Frau tragischerweise ums Leben kam. Der Fall wurde nie aufgeklärt.

Die meisten von uns haben nicht die Geduld oder die Mittel, um eine zweijährige Nachbarschaftsprüfung wie Adrians Vater durchzuführen. Wir müssen die Nachbarn nehmen, wie sie sind, und hoffen, dass wir einigermaßen friedlich mit ihnen auskommen.

Als meine Freundin Dani und ich zusammenziehen wollten, wurden wir im Arbeiterbezirk Wedding fündig. Der »rote Wedding« war damals konkurrenzlos günstig. Früher die Hochburg der KPD, nun Heimat der Kemalisten, der Galatasaray- und Besiktas-Fans, der Spielotheken, der Menschen mit Migrationsbiografien und geringem Einkommen und von Radyo Metropol. Wir kündigten unsere Wohnungen im Hipsterhotspot Friedrichshain, ohne einen neuen Mietvertrag unterschrieben zu haben. Das war sehr waghalsig und kann ich niemandem empfehlen. Auch wenn zu dieser Zeit der Quadratmeterpreis noch nicht bei astronomischen 18 Euro lag und die Hauptstadt weit entfernt war von hundert Meter langen Menschenschlangen bei der Besichtigung einer bezahlbaren Durchschnittswohnung, die ruhig gelegen ist und eine gute Anbindung vorweist. Mittlerweile ist die Wohnungssuche in Berlin ein Vollzeitjob, Schnelligkeit der Schlüssel. Man braucht praktisch kostenpflichtige Upgrade-Mitgliedschaften auf jeder erdenklichen Immobilienplattform, nur um einen Wettbewerbsvorsprung zu erlangen. Anzeigen tauchen auf wie

Sternschnuppen am Himmel, nur um nach einem kurzen Aufblitzen wieder in den Untiefen des Internets zu verschwinden, verschüttet unter einer Lawine von Anfragen. Wohnungseigentümer und Immobilienmakler sind mittlerweile mächtiger als der Bundeskanzler.

Zurück zum Wedding. Am Tag der Wohnungsbesichtigung hatte jemand sein altes Fahrrad am Baum vor der Haustür aufgehängt, wie ein »Zutritt verboten!«-Schild. Zwei Senioren torkelten aus der benachbarten Kneipe, als ob sie gerade einen Marathon in Zeitlupe absolvierten. Sie hatten sichtlich Schwierigkeiten, ihre Rollatoren, die an einen Laternenpfahl angeschlossen waren, zu entsperren. In Schneckentempo, schwankend und die Straßenverkehrsordnung ignorierend, gingen sie in Schlangenlinien – ohne Rücksicht auf Verluste. Ich konnte förmlich die Schlagzeile in der Berliner Boulevardpresse vor mir sehen: »Zwei Verkehrssünder mit Rollatoren – Gehverbot wegen Alkoholisierung«.

Im vierten Stock angekommen, reihten wir uns in die Schlange ein. Nach einer halbstündigen Wartezeit durften wir die rappelvolle Wohnung betreten. Als sich die Tür öffnete, fühlte es sich an, als würden wir in einen überfüllten Nachtklub spazieren. Die Atmosphäre war gespannt wie bei einem Boxkampf. Jeder in der Schlange hatte den »Eye of the Tiger«-Blick, die Immobilienkämpfer waren bereit, ihre Gegner mit einem Arsenal an geschönten Lebensläufen, Bürgschaftserklärungen, Gehaltsabrechnungen, Schufa-Auskünften und Empfehlungsschreiben zu besiegen. Die ganze Szenerie erinnerte an eine Art Immobilien-»Hunger Games«, bei denen nur der oder die Stärkste – oder zumindest die Person mit den meisten Papieren – überlebte. »Survival of the Fittest« war hier das ungeschriebene Gesetz.

»Wir wollen uns verändern«, erklärte die Vormieterin enthusiastisch, als wir sie nach dem Grund für ihren Auszug fragten. Beim Rundgang durch die Wohnung nahm ich mindestens fünf verschiedene Dialekte, Bairisch, Badisch, Schwäbisch, Osterländisch und Meißnisch, wahr. Berlin ist die Arche Noah der Großstädte. Künstler, Musiker, Träumer, Hipster aus aller Welt finden hier Zuflucht.

Unter den vielen Wohnungssuchenden befand sich auch ein frischgebackener Feierabend-Parlamentarier der Piratenpartei. Ein großer, schlaksiger Kerl mit einer Brille, das Haar kunstvoll zu einem Zopf gebunden. Sein Hemd hatte eine Kragenweite, die selbst John Travolta in »Saturday Night Fever« vor Neid hätte erblassen lassen, und dazu trug er einen dunkelblauen Nadelstreifenanzug. Der Pirat suchte in der Manier eines Königs das Gespräch mit der Maklerin.

»Ich bin Abgeordneter der Piratenpartei und werde künftig im Abgeordnetenhaus arbeiten!«, sagte er so laut, dass sogar die Insekten in der Wohnung aufschreckten.

»Haben Sie einen richtigen Job?«, entgegnete ihm die Maklerin trocken und sichtlich unbeeindruckt.

»Ich sagte doch, dass ich Abgeordneter der Piratenpartei bin und bald im Abgeordnetenhaus arbeiten werde!«, hielt der tapfere Pirat, sichtlich in seiner Eitelkeit gekränkt, arrogant dagegen.

»Aber haben Sie eine Festanstellung?«, bohrte die Maklerin nach.

»Nun ja, bald werde ich im Abgeordnetenhaus arbeiten«, antwortete der Pirat kleinlaut.

»Aha, also haben Sie kein regelmäßiges Einkommen und sind bestenfalls arbeitslos! Warum sagen Sie das nicht gleich!«, erklärte die Maklerin so klar und deutlich, dass es in der Wohnung plötzlich still wurde. Damit war das Parley-Recht des Piraten endgültig verwirkt.

Um den letzten Rest seiner Piratenehre zu wahren, verließ Captain Sparrow mit hochrotem Kopf die Wohnung. Jubel brach aus, als hätten die Leute gerade erfahren, dass der Rum nie ausginge. Die Menschen begannen zu applaudieren und feierten die Maklerin wie einen Rockstar auf der Bühne. Meuterei im Wedding und ein Hollywoodmoment für uns. Captain Sparrow mochte diese Abfuhr als Fluch ansehen. Aber für mich war es ein gutes Omen. Denn ich hatte meinen Glauben an die Gleichbehandlung in diesem Land bereits verloren, obwohl ich meinen Blutpreis gezahlt hatte. Und ausgerechnet im Wedding, diesem schillernden Kiez, in dem Dialekte aus allen Himmelsrichtungen zusammenkommen wie auf einer Linguistenparty, wurde der Fluch der Diskriminierung gebrochen. Von vielen Bekannten mit Migrationsbiografien hatte ich gehört, dass sie auf dem Wohnungsmarkt wie gestrandete Piraten behandelt wurden. Es war ein Zeichen. In dieser Wohnung spürte ich eine Veränderung – den Anbruch einer neuen Ära, in der jeder den gleichen Schatz suchen konnte, ohne nach seiner Herkunft gefragt zu werden.

Dani und ich waren uns sicher, dass wir diese Wohnung haben mussten, koste es, was es wolle. Inspiriert von der Vorstellung, dass Gleichbehandlung tatsächlich kein Mythos sei, kaufte ich mir auf dem Weg nach Hause den Soundtrack von »Fluch der Karibik«. Der konservative Handyklingelton wurde mit dem schwungvollen »He's a Pirate« ersetzt – das Lied, das fortan für immer diesen gesegneten Moment im Wedding symbolisieren würde.

Nachdem wir die Maklerin beinahe täglich mit Telefonanrufen bombardiert und unsere grenzenlose Begeisterung für die Wohnung betont hatten, bekamen wir endlich den Zuschlag. Beim Vertragsabschluss begründete die Maklerin ihre Entscheidung damit, dass keiner der anderen Interessenten so hartnäckig und sympathisch wie wir gewesen sei.

In Berlin, wo die Wohnungssuche mittlerweile so intensiv wie eine Verfolgungsjagd in einem Actionfilm ist, muss man wirklich kreativ werden, um aufzufallen. Eine Dankesmail reicht schon lange nicht mehr aus. Einige stecken Umschläge mit Geld in ihre Bewerbungsmappe und erhoffen sich damit einen kleinen Wettbewerbsvorteil. Meine japanische Bekannte Yumi, die kürzlich nach Berlin zog, hat es jedoch auf ein ganz neues Level gebracht. Bei der ersten Wohnungsbesichtigung mit rund 300 Mitbewerbern erhielt sie den Zuschlag.

»Wie hast du das nur geschafft?«, fragte ich Yumi.

»Nun ja, der Vermieter liebt Sushi. Also versprach ich ihm, jede Woche einen Teller selbst gemachtes Sushi vorbeizubringen! Sushi war der magische Schlüssel zur Wohnung!«, antwortete sie mit einem breiten Lächeln. In dieser verrückten Stadt muss man eben tun, was man kann, um seinen Platz zu finden – sei es mithilfe von Telefonstalking, Charmeoffensiven oder magischen Sushitricks.

Einige Zeit später hörte ich im Radio, dass die Piratenpartei einen überraschenden Antrag gestellt hatte: Es ging um die friedliche und schonende Besiedlung unseres äußeren Nachbarn – des Mars. Die Piraten argumentierten, dass die zunehmende Ressourcenknappheit auf der Erde nur durch die Erschließung neuer Lebensräume bewältigt werden könne und dass der Mars der einzige erreichbare und bewohnbare Planet sei. Irgendwie hatte ich eine seltsame Vorahnung, welcher Pirat maßgeblich für diesen Antrag verantwortlich sein könnte. Der Fluch der Karibik im Wedding schien immer noch schwer auf Captain Sparrow zu lasten.

Dani und ich waren nun Weddinger. Sonntags um acht Uhr morgens läuteten im Kiez die Kirchenglocken, um die letzten verbliebenen Gläubigen zur Messe zu rufen. Eine epische Herausforderung, wenn man bedenkt, dass die Mitgliederzahlen rückläufig sind. Zudem kommen 55 Prozent der Weddinger aus mehrheitlich islamisch geprägten Ländern. Bereits in den ersten Tagen bekamen wir einen Vorgeschmack davon, wie das Leben hier sein würde. Bei unserem allerersten Abend im Wedding hielten uns Polizeisirenen und streitende Nachbarn bis in den frühen Morgen wach. Es war wie eine Tragödie von Shakespeare, nur ohne die trägen Monologe – hier wurde jeder emotionale Ausbruch von Mezzosopran- und kraftvollen Baritonstimmen begleitet. Und das Ganze untermalten Martinshörner, die sich scheinbar dazu verabredet hatten, alle gleichzeitig durcheinanderzuheulen. Das ist der Sound des Wedding. Entertainment pur.

Ein Nachbar aus der dritten Etage im Vorderhaus beschwerte sich lautstark über das akustische Ausmaß des Vollzugs der ehelichen Pflichten eines Nachbarpaars im linken Seitenflügel. »Könnt ihr nicht die Fenster schließen, wenn ihr es wie die Karnickel treibt?! Leg ihr eine Hand auf den Mund!«, schrie er in den Innenhof.

Das Nachbarpaar aus dem linken Seitenflügel praktizierte den Arabischen Frühling auf seine Weise und machte ihn zu einem Aufstand der Zuneigung. Da sich die Aktivitäten jedoch vor 22 Uhr abspielten, konnte es nicht als

Ruhestörung gemeldet werden. Und hier stellt sich eine zutiefst philosophische Frage: Wenn wir das Liebesleben anderer einschränken wollen, beschränken wir dann nicht gleichzeitig ihr Recht auf freie Persönlichkeitsentfaltung? Und wer würde schon gern die Polizei rufen, um über eine sexuelle Lärmbelästigung zu klagen? Stellt euch vor, das Ganze landet vor Gericht und das Lärmprotokoll wird detailliert vorgelesen:

22:28 Uhr: Nachbarin XY jault anhaltend wie eine läufige Hündin.

22:29 Uhr: Gestöhne von Nachbar AB und Nachbarin XY beim Beischlaf geht weit über Zimmerlautstärke hinaus.

22:31 Uhr: Nachbar AB grunzt wie ein brünstiger Stier.

22:35 Uhr: Stellungswechsel bei Nachbar AB und Nachbarin XY – jetzt hört man nur noch, wie Haut aneinanderklatscht (Doggy Style).

22:45 Uhr: Nachbar AB erreicht Höhepunkt.

23:21 Uhr: Nach kurzer Pause wird die fleischliche Vereinigung fortgesetzt.

Der tapfere Nachbar aus dem Vorderhaus fühlte sich offenbar in seiner Männlichkeit angegriffen. Er beschloss kurzerhand, selbst auf dem akustischen Schlachtfeld einzugreifen. Kurze Zeit später hörte ich aus seiner Wohnung rhythmisches Gestöhne und lautes Gerumpel. Das war psychologische Kriegsführung, diesmal nach 22 Uhr, als Nachtruhe herrschen sollte. Der Schallpegel erreichte mindestens achtzig Dezibel, vergleichbar mit dem Geräusch einer Bohrmaschine. Dreißig bis vierzig Dezibel gelten als Zimmerlautstärke. Inmitten dieses akustischen Liebesduells wurde mir eines klar: In unserer Nachbarschaft wird die freie Persönlichkeitsentfaltung mit vollem Körpereinsatz gelebt.

Als etwas Ruhe nach dem Frühlingserwachen eingekehrt war, kam ein anderer Nachbar im Erdgeschoss des rechten Seitenflügels auf die Idee, um drei Uhr morgens deutsche Schlagermusik zu spielen, die weit über Zimmerlautstärke hinausging. Er zwang alle Nachbarn dazu, an seinem Musikgeschmack teilzuhaben, indem er sein Fenster zum Innenhof weit öffnete. Es war wie Lautsprecherpropaganda, ähnlich derjenigen, die Südkorea gegen Nordkorea einsetzt, wenn Atomtests stattfinden. Die Südkoreaner beschallen dann die Nordkoreaner zur Strafe mit K-Pop und Kritik an Diktator Kim Jong-un.

In Endlosschleife spielte der Nachbar das Lied »Ein Stern, der deinen Namen trägt«. Nach einer Stunde Schlagermagie hörte ich plötzlich ein ohrenbetäubendes Gepolter und Klirren. Die Musik von DJ Ötzi verstummte abrupt, als hätte jemand den Stecker aus seiner Anlage gezogen. Während ich aus dem Schlafzimmerfenster blickte, wurde ich Zeuge einer wahrhaft surrealen Szene. Ein Dutzend Polizisten stürmte die Wohnung des Schlagerfans und durchleuchtete sie wild mit Taschenlampen – als hätte man beschlossen, hier einen Schlager-Rave zu veranstalten. Mein erster Gedanke: So geht also Weddinger Disco.

Am Morgen brach ich zu einer Erkundungstour durch den Kiez auf. Noch etwas benommen von den vielen Eindrücken der gestrigen »Theateraufführung«, schwang ich mich auf mein Fahrrad und fuhr los. Nur eine Straßenecke weiter, in der Gottschalkstraße, sah ich ein Großaufgebot an Polizeibeamten, das die Straße weiträumig absperrte. Es sah aus, als wäre dort ein Filmteam zugange. Berlin ist eine begehrte Filmkulisse. »Die Bourne Verschwörung«, »Inglourious Basterds«, »Operation Walküre«, »Bridge of Spies« wurden zum Teil in der Hauptstadt gedreht. Und so glaubte ich, dass Locationscouts der Filmindustrie auch den Wedding für sich entdeckt hatten. Eine Traube von Schaulustigen versammelte sich um die Absperrung herum. Die Darsteller in Polizeiuniform sahen verdammt realistisch aus, und auch die große Blutlache, die auf dem Asphalt der Straßenkreuzung zu sehen war. Kriminaltechniker in weißen Overalls legten auf jede Spur ein Schild mit Nummer und fotografierten sie. Die Professionalität der Schauspieler beeindruckte mich. Später erfuhr ich, dass der vermeintliche Filmdreh im Wedding ein echter Tatort war: Ein türkischstämmiger Kleinunternehmer hatte seine Schulden nicht beglichen und war von einem Landsmann mit einem Kopfschuss regelrecht hingerichtet worden.

Richtung Pankstraße fahrend, erspähte ich eine bunt gemischte Gruppe aus Bulgaren und Rumänen aller Altersstufen. Vor einem Späti hatten sie sich niedergelassen. Ihre Kaffeetassen melancholisch umklammernd, den Rauch ihrer Zigaretten in die Luft schickend, warteten sie sehnsüchtig auf den Beginn ihrer Schicht. Hier befindet sich der berühmte Arbeiterstrich vom Wedding. Während ich eine Werkstatt für soziale Fahrradkunst passierte, traf mein Blick auf eine Gruppe Jugendlicher arabischer Herkunft, gekleidet im lässigen Weddinger Gewand: Nike Air Max an den Füßen, Fake-Balenciaga-Hoodie, Gucci-Crossbody-Bag und Baumwoll-Jogginghosen. Doch fehlten diesmal die funkelnden Goldketten, jene Statussymbole, die beim Goldankauftresen im Gesundbrunnen-Center Tageshöchstpreise erzielen.

Nach einiger Zeit fuhr ich weiter in Richtung Müllerstraße. Dabei entdeckte ich die Werbung eines Discounters, auf der ein Klingelschild mit den Nachnamen Müller, Schmitz und Maier abgebildet war. Darunter die kühne

Behauptung: »In ganz Berlin zu Hause!« Im Wedding sind diese Namen kaum noch an den Klingelschildern vorzufinden. Wenig später fiel mir in einem Supermarkt ein Kassierer auf, der mit einer ausgeprägten Glatze zu kämpfen hatte. Der vom Haarausfall Betroffene hatte aufgrund seiner Glatze Schwierigkeiten, von den Kunden akzeptiert zu werden. Er sah aus wie ein Vorzeigeneonazi. Sobald er an der Kasse saß, vermieden es die zahlreichen Kunden mit Migrationshintergrund, bei ihm zu bezahlen. Sie warfen ihm missbilligende Blicke zu und bevorzugten eine andere Kassiererin. Nur ein BFC-Fan in einem T-Shirt mit der Aufschrift »White Power« stellte sich treuherzig bei ihm an. Die übrigen deutschen Kunden trauten sich ebenfalls nicht, ihre Möhren auf sein Band zu legen, um nicht mit der falschen politischen Gesinnung in Zusammenhang gebracht zu werden. Dem glatzköpfigen Kassierer war dies nicht entgangen. Er griff zu einem schwarzen Kugelschreiber und schrieb für jeden sichtbar auf seine Unterarme: »Verkäufer gegen rechts«. Und um sicherzustellen, dass seine Botschaft jeden erreichte, auch auf Türkisch: »Aşırı sağa karşı satıcılarem«. Ab da drängelten sich Menschen aller Couleur in seiner Schlange und gratulierten ihm zu seiner Haltung.

Bei meinem Besuch im Vinh-Loi, einem Asiamarkt in der Müllerstraße, kaufte ich mir einen Hirseschnaps, der stolze 62 Prozent an Alkoholgehalt aufwies, koreanische Instantnudeln, eine Flasche koreanischen Soju und chinesischen Wein als Krönung für die langen Abende im Wedding, die noch vor mir lagen. Mit meinen Einkäufen im Gepäck fuhr ich zurück und passierte dabei das beeindruckende Wandgemälde der drei Boateng-Brüder, das über dem Matratzenladen an der Ecke Badstraße und Prinzenallee prangt. Ein Tribut an die Brüder, die sich mit Fußball aus der Unter- in die Oberschicht gekickt haben.

Unsere Freunde hielten uns für verrückt, als wir ihnen erzählten, dass wir in den Wedding ziehen würden. Sie assoziierten den Wedding hauptsächlich mit Diebstahl, Körperverletzung und sozialen Brennpunkten. Doch für uns gab es drei Gründe, um hierherzukommen: erstens die noch erschwingliche Miete, zweitens die Abwesenheit von Hipstern und Influencern wie in Friedrichshain oder Prenzlauer Berg und drittens der feste Glaube daran, dass der Berliner Großflughafen bis 2011 fertiggestellt und die Flüge von Tegel aus über unserem Haus eingestellt würden.

Mir gefällt die ehrliche Weddinger Art. Keine Maskerade. Kein Schauspiel. Keine Lügen. Das Leben hier ist wie eine aufregende Mischung aus Straßentheater und Reality-TV. *What you see is what you get!* Vergangenheit und Zukunft existieren im Einklang miteinander. Egal ob »Tatort« oder Comedyshow – hier wird das Dasein in all seinen Facetten gefeiert. In unserem Kiez gibt es gleich vier Eckkneipen, in denen jeden Tag geschlossene Gesellschaft herrscht. Eine davon bietet Ü-40-Partys und Oldie-Nights ab 14 Uhr an. Mit jeder weiteren Stunde und mit zunehmendem Alkoholpegel wird die Sprache der geschlossenen Gesellschaft unverständlicher. Deshalb ist auch schon um 20 Uhr Schluss. Die Kneipen verkaufen zudem ein 0,2-Liter-Schultheiss vom Fass für einen Dumpingpreis von 1,50 Euro. Während die Mineralölbranche systematisch die Benzinpreise in die Höhe treibt, werden hier die Spirituosenpreise künstlich niedrig gehalten.

Im Wedding ticken die Uhren anders. Der Morgen fängt hier zur Mittagszeit um »halb zweie« an, und der Stadtteil ist die inoffizielle Geburtsstätte des Berliner »kontinentalen

Frühstücks«: eine Berliner-Pilsener-Pulle und eine Kippe. Im Gesundbrunnen-Center, in welchem der Kunde drei Stunden kostenlos parken darf, wo andernorts Parkgebühren verlangt werden, lernte ich von zwei Obdachlosen, dass auch gängige Begrifflichkeiten aus dem Berufsleben in einem ganz anderen Zusammenhang gebraucht werden können.

»Hey, Manni, bist du wieder auf Dienstreise?«, fragte der eine Obdachlose den anderen, als er ihm mit zwei Tüten, die randvoll mit Pfandflaschen waren, begegnete.

»Ja! Du ooch, wa?!«, erwiderte der andere mit Festigkeit und beeilte sich, die nächste Mülltonne aufzusuchen.

Selbst die Hunde im Wedding reagieren nicht auf deutsche Kommandos wie »Platz« und »Sitz«, sondern auf »otur« und »gel«, »Sitz« und »Komm«.

Im Wedding mag es viele Eigenarten geben, aber man lernt schnell, diese liebenswerte Verrücktheit zu schätzen. Der Wedding ist wirklich wie eine Zeremonie, bei der liebende Menschen den Bund der Ehe eingehen, sich ewige Liebe schwören und in guten wie in schlechten Zeiten zueinanderstehen. Voller Erwartung schaute ich auf die bevorstehenden Abenteuer mit meinen neuen Nachbarn in diesem bunten Kiez.

Nachbarschaft – eine Typologie

Martin Hyun

In der beschaulichen Stadt Hohenmölsen im Burgenlandkreis ereignete sich eine außergewöhnliche Nachbarschaftsfehde, die sogar die Polizei auf den Plan rief. Es war ein typischer Freitagabend, als zwischen einer 66-jährigen Frau und ihrem 44-jährigen Nachbarn ein heftiger Streit im Flur ihres Mehrfamilienhauses ausbrach. Doch statt sich mit Worten zu duellieren, nahm die Situation eine ungewöhnliche Wendung. Die ältere Dame entschied sich, in ihre Wohnung zurückzukehren, um dort ihr »Geschäft« in einen Eimer zu verrichten. Mit ihren Fäkalien im Eimer begab sie sich zur Wohnung ihres streitlustigen Nachbarn. Und ohne lange zu zögern, leerte sie den Inhalt des Eimers über dem Widersacher aus.

Verglichen mit so einem extremen Vorfall, erscheint mir die Vorortreihenhaussiedlung meiner Eltern in Krefeld als echtes Nachbarschaftsparadies. Dort werden neu eingezogene Nachbarn freudestrahlend begrüßt und herzlich willkommen geheißen. Manchmal erhalten sie auch kleine

Präsente. Denn kleine Geschenke erhalten die gute Nachbarschaft. Jedoch haben einige unserer Nachbarn unsere Gastfreundschaft auch schon mit einem asiatischen Restaurant und Lieferdienst verwechselt. Da dachten sie wohl, wenn ein paar Meter weiter eine asiatische Familie wohnt, könnten sie dort gleich ihre Essensbestellung aufgeben, anstatt beim örtlichen Chinarestaurant anzurufen. Besonders ein Nachbar war so hartnäckig, dass er mehrmals pro Woche eine Tüte mit Rindfleisch vor unserer Tür ablegte, versehen mit einem Zettel, auf dem stand: »Bitte koreanisch marinieren!«

Legendär waren die rauschenden Straßenfeste, die auch Jahrzehnte danach im Viertel noch Gesprächsthema sind. Bis tief in die Nacht wurde gefeiert, und so sind sich einige Nachbarn durch übermäßigen Alkoholkonsum viel nähergekommen, als ihnen nüchtern lieb war.

In unserem Mehrfamilienhaus in Berlin ist das anders. Auf der Fußmatte eines Nachbarn, zwei Stockwerke unter uns, höchstwahrscheinlich ein Philosophiestudent, steht ein Zitat aus Jean-Paul Sartres Drama »Geschlossene Gesellschaft«: »Die Hölle, das sind die anderen.« Für Sartre sind es die Menschen, die uns von außen betrachten und nicht in der Lage sind, unser wahres Wesen zu erkennen. Im Mehrfamilienhaus sind wir in gewisser Weise den Blicken der Nachbarn schutzlos ausgesetzt. Obwohl die Anonymität hier jedem heilig ist. Keiner nimmt gewollt Notiz von den Lebensumständen des anderen. Hier läutet niemand freudestrahlend an der Tür, um einen herzlich willkommen zu heißen. Gelegentlich klingeln unangekündigt demotivierte Telekom-Mitarbeiter, die einen Blick auf den Internetrouter werfen oder ein technisches Problem beheben und anschließend einen viel besseren Vertrag anbieten wollen. Oder es sind die niemals aufgebenden Zeugen Jehovas, die von Tür zu Tür tingeln und versuchen, einen zu missionieren.

Die Wohnung gegenüber von uns war für eine kurze Zeit vakant. Zuvor hatten Christina und Robert darin gelebt. Doch als Christina schwanger wurde, war es an der Zeit, nach Brandenburg zu ziehen. Das Kind sollte wohlbehütet und fernab von den Verlockungen einer Großstadt aufwachsen. Christina hatte sich vorher aktiv darum bemüht, die Anonymität im Haus zu durchbrechen. Immer wieder hatte sie an unserer Tür geklingelt, um Eier, Mehl, Zucker, Zwiebeln, Brot, Werkzeug oder mein »Star Wars«-Lichtschwert auszuleihen. Nach dem Auszug von Christina und Robert wurde die Wohnung saniert. Nach der Sanierung wurde die Wohnung für die doppelte Miete an eine Familie mit Kind vermietet. Ich verortete die Familie in der Gothic-Szene. Alle waren von Kopf bis Fuß dunkel gekleidet und geschminkt. Lange hielt die Gothic-Familie es jedoch nicht aus. Nach wenigen Wochen zog sie wieder aus. »Die permanente Lärmbelästigung durch die arabische Familie neben uns ist nicht auszuhalten«, sagte die Gothic-Frau, als sie sich von mir verabschiedete, und wünschte mir gutes Durchhaltevermögen.

Nur einige Wochen später zog ein junges Paar in die Wohnung ein. Ein paar Tage nach seinem Einzug klingelte es bei uns an der Tür. Freudestrahlend stellten sich die neuen Nachbarn als Frauke und Lothar vor, luden uns bei geeigneter Zeit zu einem Kaffee ein und schenkten uns eine Schachtel Pralinen. Seit 2008 lebe ich nun schon in Berlin, und nie zuvor war mir so etwas passiert. Sich als Neueingezogener den Nachbarn vorzustellen ist keine Selbstverständlichkeit in der Hauptstadt. Zu Ostern schenkten Frauke und Lothar uns einen Schokoladenhasen. Zu Weihnachten bekamen wir einen Schokoladennikolaus. Und zu Neujahr überreichten sie uns einen Glücksklee mit Schornsteinfeger. Mit so viel nachbarschaftlicher Liebe mussten Dani und ich erst einmal zurechtkommen. Wir sind durch und durch Berliner. Und wie schon Brian May sang: »Too much love will kill you«.

Dennoch brannten mir zahlreiche Fragen nach ihrer Herkunft auf der Zunge, obwohl ich als Mensch mit Migrationshintergrund kein Fan von Herkunftsfragen bin. Die Art ihres Auftretens und ihre Gepflogenheiten kamen mir so verdammt vertraut vor. Als wir uns zufällig im Flur begegneten, fragte ich Frauke und Lothar etwas zögernd: »Darf ich euch eine persönliche Frage stellen?«

»Na klar, nur zu!«, antworteten beide gleichzeitig.

»Seid ihr beide aus Nordrhein-Westfalen?«

»Ja!«, entgegneten beide wieder im Chor.

»Ihr seid nicht zufällig aus Krefeld?«, fragte ich weiter.

»Doch, wir sind aus Krefeld!«, antworteten sie freudestrahlend.

»Ich wusste es!«, sagte ich und verabschiedete mich rasch.

Damit hatte ich Gewissheit. Ich bin von Krefeldern umgeben. Während ich einmal auf dem Fahrrad nach Hause fuhr, schrie mir jemand meinen Namen hinterher. Als ich mich umdrehte, sah ich zwei Hauseingänge weiter meine frühere Nachbarin Sarah aus Krefeld, die nun offenbar wenige Meter Luftlinie von uns entfernt wohnte.

Mit der Gewissheit, dass Frauke und Lothar aus Krefeld stammten, fragte ich mich, wie lange die beiden ihre nachbarschaftliche Liebe in der kalten und gefühllosen Großstadt wohl aufrechterhalten würden.

Die Antwort: genau drei Jahre. Danach war Schluss mit der Zuneigung und ihren Krefelder Gepflogenheiten. Beide waren in Berlin angekommen und integriert. Die Hauptstadt hatte sie assimiliert.

Egal ob in einem Mehrfamilienhaus in Delmenhorst, Gröpelingen, Köln-Chorweiler, Nürnberg-Langwasser-Nord, München-Hasenbergl oder Berlin-Wedding – es existieren bestimmte Nachbarschaftstypen, die man überall antrifft. In jedem dieser Häuser gibt es den Weckdienst-Solidaritätskiffer, der immer zur selben Uhrzeit am offenen Fenster genüsslich an seinem Joint zieht. Der süßliche Geruch von Marihuana strömt in sämtliche Wohnungen und lässt die anderen Nachbarn passiv mitrauchen. Dann haben wir den notorischen Müllüberfluter, der dafür sorgt, dass kein anderer Nachbar die Chance hat, seine leeren Kartons oder sein Papier in die vier blauen Tonnen zu entsorgen. Denn dieser Nachbar wirft seine überdimensionalen Pakete, die er von sämtlichen Onlinehändlern erhält, unzerkleinert in die Altpapiertonnen. Er ist verantwortlich für die Kartonflut und Kartonagen, die von der Müllabfuhr schon gar nicht mehr mitgenommen werden.

Außerdem gibt es den House-DJ, der seine neuesten Kompilationen, Tracks und Remixe vorab und exklusiv seinen Nachbarn vorspielt. Dabei fängt er mit groovigen 95 *beats per minute* an und steigert sich gegen zwei Uhr morgens auf 150 BPM. Dem DJ in unserem Mehrfamilienhaus habe ich mal einen Musikwunschzettel in seinen Briefkasten gesteckt. Vielleicht war das kein guter Einfall, denn andere Nachbarn hatten anscheinend die gleiche Idee. DJs reagieren oft empfindlich, wenn es um Musikwünsche geht. Diese Erfahrung habe ich schon bei Klassenpartys in der Grundschule gemacht. Unser House-DJ ignorierte jedenfalls jegliche Musikwünsche und legte weiter unerbittlich seine Songs mit 150 BPM auf.

Nachdem ich vier Monate lang unaufhörlich von lauter Musik beschallt worden war, beschloss ich, an die Tür des DJs zu klopfen. Ich erklärte ihm höflich, dass ich gelegentlich im Homeoffice arbeitete und die Lautstärke störend sei. Aber seine Reaktion ließ mich perplex zurück: »Ich arbeite auch im Homeoffice!«, erwiderte er unverblümt. Später jedoch schlossen wir einen Kompromiss, mit dem wir beide gut leben konnten. Ich übermittelte ihm fortan meinen monatlichen Arbeitsplan, nachdem wir unsere Mobilnummern ausgetauscht hatten. Kommunikation ist alles. Der DJ wusste, wann er wieder aufdrehen konnte, und ich bekam meinen Schlaf.

In Friedrichshain hatte Dani eine Berufssaxofonistin als Nachbarin, die täglich mehrere Stunden die Tonleiter rauf und runter oder die Titelmusik von »Pippi Langstrumpf« spielte und zusätzlich noch Unterricht gab. Ein anderer Nachbar im Haus verklagte die Saxofonistin wegen Ruhestörung. Das Urteil: Musizieren dient der Persönlichkeitsentfaltung und ist Teil sozial üblichen Verhaltens. Werktags sind bis zu drei Stunden Musizieren zu tolerieren.

Neben dem Kiffer, dem notorischen Müllüberfluter, dem Fahrradständerbesetzer und dem DJ gibt es noch die Studenten-WG. Für die WG-Bewohner ist das Leben eine einzige Party. Bis weit über Mitternacht hinaus wird getrunken, diskutiert und gesungen – und das an jedem zweiten Tag. Bei der hohen Fluktuation innerhalb der Wohngemeinschaft ist es eine Herausforderung, sich alle Gesichter zu merken. Dabei könnte ein gutes Auswahlverfahren die Fluktuation reduzieren und Beständigkeit in die WG reinbringen …

Für Erwachsenenunterhaltung sorgen die Karnickel in der Nachbarschaft. Lautes Stöhnen, Klatschen, metallisches Quietschen, tiefes Brummen – alles ist dabei. Beide führen ein gesundes Sexleben und wollen, dass die gesamte Nachbarschaft mittels ausgeprägter und sinnlicher Liebesnächte davon erfährt. Die Karnickel können einem schon die Nachtruhe vermiesen. Doch solange sie dem demografischen Wandel entgegenwirken, sei es ihnen gegönnt.

Dann gibt es noch die Großfamilie mit Schreibabys oder -kindern, die den Müllplatz im Innenhof als Spielplatz, Sperrmüllanlage und Toilette missbraucht. Die Familie ist so überfordert, dass es oft zu Streit und lautstarken Auseinandersetzungen kommt und regelmäßig die Polizei gerufen werden muss, um zu schlichten.

In jedem Mehrfamilienhaus lebt auch immer der unsichtbare Nachbar. Es steht zwar ein Name am Klingelschild, aber gesehen oder gehört hat ihn noch keiner. Zudem gibt es auch noch den Chefkoch, der zu unmöglichen Zeiten mit kulinarischen Kreationen experimentiert. In unserem Hause ist es ein ambitionierter Chefkoch aus Kamerun, der nach Mitternacht *Poisson Braisé* oder *Ndolé* brät. Ähnlich wie beim Kiffer ziehen Düfte von altem Öl und frittiertem Fisch in unsere Nasen und legen sich über alle Wohnungen im Seitenflügel. Aber wer möchte schon eine Talentbremse sein. Vielleicht wird er der nächste Jamie Oliver.

Auch ein Law-and-Order-Hüter darf natürlich nicht fehlen. Ein Sheriff, der für Recht und Ordnung sorgt und dafür, dass der Müll ordentlich getrennt und die Ruhezeiten eingehalten werden, und der sich auch sonst sehr für das Leben der anderen interessiert, seine Nachbarn bespitzelt und jeden ihrer Schritte beobachtet.

Ähnlich wie der unsichtbare Nachbar verhält sich der Misanthrop. Der Griesgram lehnt jegliche Nähe zu anderen Nachbarn ab. Er grüßt nicht, ist wortkarg, redet mit niemandem, lädt keine lauten Gäste ein und lebt ein stilles und enthaltsames Leben. Von ihm kommen weder unangenehme Gerüche aus der Wohnung noch 150 BPM, laute Partys oder metallisches Quietschen. Der Misanthrop ist eigentlich der Prototyp des perfekten Nachbarn.

Der Messie, der unter dem Vermüllungssyndrom leidet, gehört ebenfalls in jedem Mehrfamilienhaus dazu. Seine Wohnung ist ein Geruchsherd. Üble und penetrante Düfte dringen von ihr bis in den Flur, wo man sich die Nase zuhalten muss. Sicherlich gibt es noch viele weitere Typen von speziellen Nachbarn. Eines ist aber sicher, jeder von uns wird dem ein oder anderen davon schon einmal begegnet sein.

Wer genug Kleingeld hat, kann sich von unliebsamen Nachbarn fernhalten. Doch Distanz hat definitiv ihren Preis. Fluggesellschaften bieten mittlerweile die Option, einen Doppelsitz für Extrakomfort zu buchen. Oder noch besser, man steigt gleich in einen Privatjet und lässt sich von der Welt da draußen nicht stören. Auch in der Bahn ist es mit einer doppelten Sitzplatzreservierung möglich, sich unliebsame Sitznachbarn vom Leib zu halten. Wer weiß, vielleicht sind wir eines Tages sogar so weit, dass wir unser Eigenheim auf dem Mond beziehen können. Der Amerikaner Dennis Hope verkauft jedenfalls seit 1980 extraterrestrische Immobilien – weit weg von den gehassten Nachbarn.

Freunde von Dani haben ihr tatsächlich zum Geburtstag ein Mondgrundstück geschenkt. Dazu gab es eine personalisierte Besitzurkunde, die die Lage des Mondgrundstücks samt seinen Koordinaten für die einfache Anreise ausweist. Wir sind jetzt stolze Besitzer von 716 000 Quadratmetern bester Mondlage und einem herrlichen Blick auf die Erde. Und das alles, während die Grundstücks- und Immobilienpreise in Berlin und anderen deutschen Großstädten durch die Decke gehen. Für gerade mal 59,90 Euro haben Danis Freunde ihr diesen exklusiven Deal gesichert. Das einzige Problem ist die Entfernung zum Mond, die bei etwa 384 000 Kilometern liegt. Schade, dass Yusaku Maezawa nicht zu unserem engen Freundeskreis gehört. Der japanische Milliardär hat nämlich den einwöchigen Mondflug von Elon Musks SpaceX-Mission »Dear Moon« komplett gebucht und plant, einige Künstler als Begleitung mitzunehmen. Mit Geld kann man sich eben seine Nachbarn selbst aussuchen.

Wer es sich leisten kann, kauft ein Eigenheim in Alleinlage ohne störende Nachbarn oder sogar eine eigene Privatinsel. Der Fußballgott Lionel Messi hat nicht nur einen einzigartigen Spielstil, sondern auch einen ganz speziellen Umgang mit lauten Nachbarn. Er kauft einfach ihre Häuser und löst damit das Problem. Die Liste der Möglichkeiten ist endlos. Doch am Ende des Tages kann ein Leben ohne Nachbarn langweilig und einsam sein. »Niemand ist eine Insel«, besagt ein Zitat des englischen Dichters John Donne. Und nicht jeder Mensch kann so sein wie Simon Parker. Der hat sich auf Flat Holm, einer der abgelegensten Inseln von Großbritannien, niedergelassen. Dort gibt es nicht mal eine Strom- oder Wasserversorgung. Er verbringt seine Zeit damit, Vögel zu beobachten.

Mehr Ruhe zum Vögelbeobachten oder Ausschlafen genießen auch wieder die ehemaligen Nachbarn des brasilianischen Fußballers Neymar in Paris. Ihnen zufolge wurde bei dem Stürmer jedes Wochenende bis in die frühen Morgenstunden gefeiert. Es muss sich angefühlt haben, als hätte er den Karneval aus Rio mit angeschleppt. Aber seit seinem Wechsel von Paris nach Saudi-Arabien können die angrenzenden Pariser wieder aufatmen.

Das Leben mit Nachbarn mag seine Tücken haben, aber es hat auch seine Schokoladenseiten. Nachbarn können auf die geliebten Haustiere aufpassen, den Briefkasten leeren und die Zimmerpflanzen gießen, wenn man im Urlaub ist. Sie sorgen mit ihrer Präsenz und Wachsamkeit für mehr Sicherheit vor Einbrüchen. Als Freundschaftsdienst nehmen sie Pakete entgegen, damit sie nicht von Paketpiraten gestohlen werden. Nachbarn können gute Ratgeber sein und eine helfende Hand bieten, sei es beim Schleppen schwerer Gegenstände in den fünften Stock oder beim Erledigen kleiner Reparaturen im Haus. Empathie ist hier eine Tugend, und wenn alle gut miteinander kommunizieren und Rücksicht aufeinander nehmen, kann eine harmonische Nachbarschaft entstehen, von der letzten Endes alle profitieren. Das Leben ist zu kurz, um es allein zu verbringen.

Unbefugten Zutritt verboten!

Wladimir Kaminer

Meine Frau sucht stets nach neuen Herausforderungen, sie setzt sich ehrgeizige Ziele, entwickelt Projekte, die unser Leben bereichern sollen, und vergisst gelegentlich, dass jedes Projekt auch dauerhafte Verpflichtungen nach sich zieht, Kopfschmerzen und Stress verursachen kann. Doch was wäre unser Leben ohne Stress? Langweilig sind Menschen, die nichts wollen, keine großen Pläne verfolgen und mit dem, was sowieso da ist, zufrieden sind.

Im Leben jeder Familie kommt eine solche Phase, wenn die Kinder bereits erwachsen und die Erwachsenen noch nicht ganz kindisch geworden sind. In einer solchen Phase kam meine Frau auf die Idee, sie brauche dringend einen Hund. Einen mittelgroßen Hund, den man zur Not auch mit auf Reisen nehmen könne. Ich war dagegen. In einer Großstadt die Verantwortung für ein großes Tier zu übernehmen ist aus meiner Sicht mehr als leichtsinnig. Die Nachbarn über uns hatten einen Hund, der oft und laut bellte. Unten auf der Straße hörten wir auch ständig bellende Hunde. Ich sah das nicht als eine Bereicherung des Alltags, wenn auch noch in unserer Wohnung gebellt würde. Der Hund braucht Pflege. Man muss mit ihm zweimal am Tag spazieren gehen, seine Abfallprodukte in einer Plastiktüte einsammeln und sich mit den anderen Tierbesitzern über die Konsistenz und Farbe der Abfallprodukte ihrer vierbeinigen Lieblinge austauschen.

Ich erinnere mich noch, wie einmal vor vielen Jahren bei uns auf dem Flohmarkt im Mauerpark ein junger erfolgreicher Start-up-Unternehmer phosphorhaltige Hundefuttersorten verkaufte. Die Idee dahinter war verblüffend und clever: die Hundekacke in der Dunkelheit leuchten zu lassen, damit niemand aus Versehen reintrat. Sein Start-up war ein Erfolg. Sehr viele Hundebesitzer haben seine Produkte damals gekauft. Im März regnete es fast eine Woche lang ununterbrochen, der ganze Mauerpark leuchtete wie Las Vegas, die Erde war grün und blau. Die wenigen Touristen glaubten wahrscheinlich, sie befänden sich auf einem Hauptstadt-LSD-Trip, und verteilten mit ihren Füßen die leuchtende Kacke durchs ganze Viertel.

Nein, der Hund war für mich definitiv eine zu große Herausforderung. Ich konnte mir nicht vorstellen, ein Lebewesen an einer Leine durch die Stadt zu ziehen, irgendwohin, wo es gar nicht hinwollte, es wäre mir nur peinlich gewesen und hätte stark nach Tierquälerei ausgesehen. Aber das Lebewesen ohne Leine auf der Straße laufen zu lassen hätte dazu führen können, dass es andere Lebewesen in den Hintern kneifte. Und wer hätte die Schuld dafür getragen? Natürlich der Lebewesenbesitzer. Meinen Argumenten hatte meine Frau aufmerksam zugehört, sie wahrgenommen und verinnerlicht. »Okay«, sagte sie, »ist in Ordnung. Kein Hund.« Als Alternative zum Hund sei sie auch mit einem Garten zufrieden. Sie schenkte mir einen praktischen Gartenkalender mit netten Blümchen auf dem Cover. Darin stand, ein Garten mache die Menschen fit und helfe beim Abnehmen. »Arbeit an der frischen Luft hält munter und gesund«, behauptete der praktische Kalender.

Warum eigentlich nicht, überlegte ich. Abnehmen wollte ich schon lange. Vor die Wahl zwischen Hund und Garten gestellt, habe ich der zweiten Variante sofort zugestimmt. In meinen Augen macht ein Garten viel weniger Stress. Der Garten macht keinen Mist, man muss mit dem Garten nicht zweimal am Tag spazieren gehen, der Garten bellt nicht und beißt niemanden in den Hintern. Und wenn er nebenbei noch beim Abnehmen hilft und fit hält, ist er sicher eine schöne Sache. Außerdem hegte ich die bescheidene Hoffnung, die Gartensuche werde sich bei uns in die Länge ziehen und möglicherweise in Wohlgefallen auflösen. Es war nämlich in meiner Vorstellung viel schwieriger, einen freien Garten zu finden, als einen Hund zu kaufen.

Die Hunde werden in Berlin an allen Ecken gezüchtet, die Gärten in Berlin sind rar.

In der Nähe unseres Hauses befand sich seit Anbeginn der Zeit eine urdeutsche Kleingartenkolonie. Ich war oft daran vorbeigegangen und sah hinter den Zäunen keine vollständigen Menschen, nur ihre Hinterteile. Sie wollten augenscheinlich abnehmen und wühlten ständig in der Erde herum. Die meiste Zeit beugten sie sich herunter, pflanzten ein oder aus oder hantierten mit einer Gartenschere in der Hand. In dieser Kolonie wollte meine Frau uns für eine freie Parzelle anmelden. Soll sie doch machen, dachte ich. Ich sah keinen Grund, warum diese Gartenfreunde irgendwelche verantwortungslosen Russen in ihr

Kleingartenreich, in das letzte Bollwerk der deutschen Spießigkeit, reinlassen sollten. Aber ich hatte mich geirrt. Im Kleingartenreich deutete sich gerade ein Generationswechsel an, eine revolutionäre Situation, fast wie Lenin sie prophezeit hatte: Die Alten konnten nicht mehr, die Jungen wussten noch nicht, ob sie übernehmen wollten. In diesen Spalt zwischen den Kleingärtnergenerationen rutschten wir rein.

Ich dachte, wir wollten dort nur grillen, aber meine Frau machte sich richtig an die Arbeit, sie gab sich große Mühe bei der Bepflanzung und freundete sich mit den Nachbarn an. Ich sah mich dort mit einem ganz anderen Deutschland, mit der Innenseite des Landes, konfrontiert und begann sofort, an einem neuen Buch zu schreiben. »Mein Leben im Schrebergarten«, das Buch wurde ein Publikumserfolg. Doch zu diesem Zeitpunkt war unser Garten schon wieder weg, denn auf Dauer war er nicht zu halten.

In ihrer ungebremsten Bepflanzungslust hatte meine Frau das Bundeskleingartengesetz weitgehend ignoriert, ich glaube, sie hatte das Gesetz gar nicht gelesen und gegen so ziemlich alle Paragrafen verstoßen, die es darin gab. Die Schrebergartenöffentlichkeit machte sich Sorgen. Immer wieder bekamen wir Besuch von der Prüfungskommission, die uns ermahnte, wir sollten dringend und entschlossen gegen die sogenannte Spontanvegetation in unserem Garten vorgehen. Diese Spontanvegetation bestand eigentlich aus Blumen und Pflanzen, die meine Frau im Garten besonders mochte. Einige von ihnen waren geflüchtete Pflanzen, sie kamen von weit her, aus dem Süden und aus dem Osten, und wurden in ihrer Heimat möglicherweise verfolgt. Sie fanden unsere Parzelle von allein, und natürlich musste meine Frau nach Artikel 16a des deutschen Grundgesetzes ihrer humanitären Verpflichtung nachgehen und ihnen Asyl gewähren. Laut Kleingartengesetz waren sie aber als Spontanvegetation zur Ausrottung verdammt. Diese Gesetzeskollision führte letzten Endes dazu, dass meine Frau sich nicht mehr als Herrin ihrer eigenen Parzelle fühlte und gezwungen sah, den Schrebergarten abzugeben. Dadurch wurde ich zu einem Gartenschriftsteller ohne Garten. Denn meine Gartenkarriere entwickelte sich nach Erscheinen des Buches weiter.

Etliche Gartenmessen und Gartenkongresse luden mich zu Vorträgen ein. Eine Gartenbedarfsfirma wollte mich als Werbeträger für ihr neues Produkt gewinnen, ich musste jedoch schweren Herzens darauf verzichten. Das Produkt war eine neue Düngersorte, die aus Stickstoff und Phosphor bestand. Die internationale Garten-Society schenkte mir auch ohne Dünger genug Aufmerksamkeit, so wurde ich vom Bundespräsidenten Horst Köhler zu einem Abendessen mit König Charles III. eingeladen, der damals noch ein Prinz war und ebenfalls Gartenbücher schrieb. Das Treffen beim Bundespräsidenten war ein ziemliches Desaster, der Gartenprinz fragte mich, wie groß mein Garten sei. Sein Garten war ungefähr so groß wie England, und ich wusste nicht, was »Schrebergarten« auf Englisch heißt. »Working in the fresh air keeps you alert and healthy«, sagte ich zu dem Prinzen, genau wie es in dem praktischen Gartenkalender stand. Er verstand mich nicht.

The big problem an diesem Abend war, der Prinz verstand mein Englisch überhaupt nicht. Ich hatte schon früher die Erfahrung gemacht, dass Amerikaner und Engländer mein in der sowjetischen Schule gelerntes Englisch nicht als ihre eigene Sprache erkannten. Ich war mehrmals in England und in den USA, und jedes Mal erntete ich verständnislose Blicke, wenn ich mit den Einheimischen ihre Sprache zu sprechen versuchte. Dafür aber verstanden meine in England oder in den USA lebenden Landsleute mein Englisch prächtig. Wie konnte das sein? Mit der Zeit wuchs in mir der Verdacht, dass unsere Lehrer uns damals in der sowjetischen Schule extra irgendeine andere Sprache als Englisch beigebracht hatten, damit wir zukünftig nicht mit den Vertretern der freien Welt kommunizieren konnten. Nur welche Sprache war das? Bestimmt gibt es irgendwo auf diesem Planeten ein Land, wo sie gesprochen wird, die geheimnisvolle sowjetische Englischsprache. Mosambik? Albanien? Ich habe es noch nicht herausgefunden, lasse mich gerne überraschen.

Das Leben eines Gartenschriftstellers ohne Garten war anstrengend. Die Gartenzeitschriften wollten Fotos von mir haben, wie ich Blumen gieße und junge Triebe beschneide. Das konnte ich auf Dauer nicht auf dem Balkon simulieren. Insofern war ich froh, dass die Lust meiner Frau auf Gartenarbeit nicht erloschen war, sie suchte weiter und fand in einem kleinen Dorf in Nordbrandenburg ein Haus mit einem richtig großen Grundstück. Auf einmal hatten wir einen eigenen Garten ohne Prüfungskommission und ohne Nachbarn direkt vor der Nase, ein Fleckchen Erde, auf dem jede Pflanze spontan vegetieren konnte, so wie ihr das Herz befahl. Und dort in dieser wilden Gegend zwischen Wald, See und Maisfeldern bis an den Horizont wohnten Menschen ohne Kneipen, ohne Restaurants, ohne den ganzen großstädtischen Schnickschnack. Ich war gespannt. Als Großstadtkind hatte ich nie auf dem Land gelebt, in Russland hatte ich Dörfer nur im Fernsehen gesehen. Ein deutsches Dorf war ein neues Abenteuer;

bestimmt lerne ich dort neue originelle Menschen kennen, vielleicht wird es mich zu einem neuen Buch führen, dachte ich.

Es dauerte jedoch eine Weile, bis ich die Nachbarn kennenlernte. Die Brandenburger leben gerne nach innen. Je weiter in den Wald, umso dicker die Zäune. »Unbefugten Zutritt verboten«, stand an mehreren Stegen am Wasser, auch an manchem Gartentor. Eine Bande von Unbefugten schien diese Gegend seit Langem zu terrorisieren und die Einheimischen zu zwingen, sich hinter ihren Zäunen zu verbarrikadieren. Was sind das für Menschen, diese Unbefugten, überlegte ich, und warum wollen sie überall rein? Das Schild »Achtung! Bissiger Hund!« mit furchterregender Zeichnung auf einem zwei Meter hohen Zaun sollte den Unbefugten, falls sie nachts mit einer zwei Meter hohen Leiter anrückten, die Lust am Rüberklettern nehmen. Ich hätte gern einen Unbefugten gesprochen, mir lief allerdings keiner über den Weg. Die Brandenburger versteckten sich vor diesen unsichtbaren Unbefugten wie Prominente vor den Paparazzi. Sie wollten auf keinen Fall, dass irgendwelche Fremden ihre Intimsphäre verletzten. Die Tatsache, dass es hier keine Fremden gab, auch keine zufälligen Passanten, keine Fußgänger, niemanden, der nach dem Weg fragte, machte sie nur noch misstrauischer.

Ja, in gewisser Weise fühlten sie sich hinter ihren Zäunen prominent. Ich nahm es ihnen nicht übel, man gewöhnt sich schnell an die Einsamkeit. Während meiner Zeit in der Armee habe ich einmal einen ganzen Winter allein im Wald in einem Bauwagen verbracht. Meine Aufgabe war es aufzupassen, dass die Radiostation nicht vollkommen unterm Schnee begraben wurde. Der nächste Soldat bei der nächsten Station, mein Nachbar, war etwa einen Kilometer von mir entfernt. Essen hatten wir auf Vorrat, ich fühlte mich wie Väterchen Frost ohne Schneemädchen und hatte eigentlich nur drei Gründe, meinen Bauwagen zu verlassen: Morgengymnastik, aufs Klo zu gehen und Holz zu holen. Letzteres bedeutete für mich den längsten Weg, und wenn ich von Weitem sah, dass mein Nachbar gerade dort zugange war, kehrte ich um. Nach einer Ewigkeit der Einsamkeit hatte ich keine Lust mehr auf nachbarschaftliche Gespräche: »Hallo, wie geht es dir? Ist der Winterwald nicht schön? Ja, sehr schön.« Ich kann ja auch später Holz holen gehen, dachte ich.

Man verwildert schnell abseits aller Kollektive. So auch bei den Brandenburgern, ihre Neugierde auf Nachbarschaft hielt sich in Grenzen. Als die Coronaseuche Deutschland eroberte, konnten die Brandenburger die Sorgen der Stadtbevölkerung und die neuen Hygieneverordnungen, die der Staat im ersten Pandemiejahr wie aus einer Feuerwerkskanone abschoss, nicht wirklich ernst nehmen. Die Kulturschaffenden machten sich Sorgen um das gesellschaftliche Leben, weil jedes Beisammensein verunmöglicht wurde. Andere, Schüler und Lehrer, weil sie es im Alltag nicht schaffen konnten, die vorgeschriebenen anderthalb Meter Abstand zueinander zu halten. Die Großfamilien durften nichts mehr zusammen feiern. Freunde und Verwandte sollten einander nicht mehr die Hand geben und durften nur in ihre Ellbogen niesen. Darüber haben die Brandenburger besonders gelacht. Sie haben schon immer mit einem gesunden 500-Meter-Abstand zum Nachbarn gewohnt, hatten absolut keinen Grund, jemandem ihre Hand zu geben, und selbst wenn sie sich in den Bauchnabel niesten, würde das niemand hören. Diese Gesetze und Verordnungen waren für ganz Deutschland geschrieben, dabei ließ die Regierung außer Acht, wie verschieden Deutschland an allen Ecken ist.

Besonders amüsant fanden die Brandenburger die Ausgangssperre nach 22 Uhr. Wohin sollten sie denn ausgehen? Die Dorfgemeinde hatte schon vor langer Zeit gegen eine Straßenbeleuchtung gestimmt. Ein Licht in der Nacht würde nur Ungeziefer, Mücken und Krach machende Motorradfahrer anziehen. Es gibt hier keinen Grund, sich nachts von seinem Haus zu entfernen, wozu? Um mit den Wildschweinen im Maisfeld Versteck zu spielen? Es ist viel vorteilhafter, nach den Gesetzen der Natur zu leben: bei Tageslicht arbeiten und in der Dunkelheit schlafen.

Auch die bundesweite Kneipenschließung ließ die Menschen auf dem Land kalt. Wir hatten nämlich keine Kneipen. Die nächste Gaststätte im »Haus des Gastes« am gegenüberliegenden Seeufer machte sofort dicht, sie hatte aber auch schon vor Corona nur freitags auf, diese kleine Veränderung der Öffnungszeiten bekam also kein Mensch mit. Viele nahmen die Coronamaßnahmen sogar mit Erleichterung auf, endlich sollte ganz Deutschland wie Brandenburg sein, eine große Ruhe würde einkehren, die Leute würden überall aufhören, sich aneinander zu reiben, in Massen hin und her zu rennen und Fremden die Hand zu schütteln, ohne zu wissen, wo diese Menschen gerade mit ihren Händen gewesen waren.

Brandenburg stand kurz davor, wie eine Arche Noah als einziges nicht verseuchtes Bundesland mit angeborenem Abstand die Coronaseuche unbeschadet zu überstehen. Und doch: Ein Jahr später bekam das ganze Dorf Corona. Schuld war der Friseur. Aus unerfindlichen Gründen gingen nämlich alle Bewohner zum gleichen Friseur, zur gleichen Zeit, und alle hatten dementsprechend die gleiche

Frisur, die sich nur im Preis unterschied: für Männer 10, für Frauen 15 Euro. Ich musste immer lachen, wenn ich meine Nachbarn am Freitag beim Stammtisch im »Haus des Gastes« sah, kurz nachdem sie beim Friseur gewesen waren. Es sah aus wie ein Abendmahl mit Playmobil-Figuren. Der Sohn vom Friseur hatte irgendeine Underground-Technoparty im Wald besucht, dort das Virus kennengelernt, mit nach Hause genommen und weitergeleitet. Aber Gott sei Dank ist niemand gestorben, sie haben nur ein wenig gehustet und waren verschnupft. Denn nach wie vor galt: Arbeit an der frischen Luft hält fit und gesund.

Gute Zimmernachbarn, schlechte Zimmernachbarn

Martin Hyun

In meinen mehr als vier Jahrzehnten auf dieser Erde habe ich die ganze Bandbreite an Nachbarn erlebt: nette, die einem Kuchen vorbeibringen, skurrile, unsichtbare, laute, unangenehme und lästige. Doch in der friedlichen Reihenhaussiedlung meiner Eltern in einem Vorort von Krefeld leben ausschließlich sehr freundliche und hilfsbereite Nachbarn. Selbst als ein unkastrierter Mischlingsrüde mit seinem Gebell und Gejaule die Nachbarschaft um ihren Schlaf brachte – immer dann, wenn er läufige Hündinnen in der Nähe witterte –, blieb der Frieden erhalten. Dabei ist permanentes oder lautes Gebell eine der häufigsten Ursachen für Nachbarstreitigkeiten. Rechtlich gesehen, darf ein Hund nicht länger als zehn Minuten ununterbrochen und insgesamt dreißig Minuten pro Tag bellen. Die Vierbeiner in der Nachbarschaft, bis auf den Mischlingsrüden, hielten sich an diese Regeln, als ob sie den Nachbarschafts-Knigge selbst geschrieben hätten.

Man grüßt sich in der Siedlung. Es wird Wert auf persönliche statt auf digitale Kommunikation gelegt. Und selbst in einem Umkreis von drei Kilometern kennt jeder jeden. Vielleicht nicht immer beim Namen, aber zumindest vom Sehen her. Ein einfaches Nicken oder eine freundliche Handbewegung dient als Gruß und ist mehr wert als ein Like auf Social Media. Das hat seine Vorteile, denn diese Aufmerksamkeit unter den Nachbarn hat bereits mehrere Einbruchsversuche vereitelt.

Häufig trifft man sich beim Gassigehen mit dem Hund. Und kurioserweise kennen die Nachbarn oft die Namen der Hunde, aber nicht die der Besitzer. Da ich mittlerweile in Berlin lebe, geht meine Mutter mit unserer Collie-Hündin Farah Gassi. Als meine Mutter aufgrund eines Trauerfalls in der Familie nach Südkorea flog, ging ich mit Farah spazieren. Die Nachbarn hatten keine Ahnung, wer ich war, aber sobald sie Farah sahen, fing das Fragefeuerwerk an: »Das ist doch Farah, oder? Sind Sie der Sohn? Wo ist denn Ihre Mutter?« In so einer Nachbarschaft muss sich niemand sorgen, dass jemand monatelang unbemerkt in der Wohnung vor sich hin verwesen könnte, wie es oft in der Anonymität der Großstadt passiert. Laut einer Studie kommt es jährlich in deutschen Großstädten zu etwa 300 stillen und unentdeckten Todesfällen. Im Wedding haben wir das Silbernetz, eine Telefonseelsorge, die älteren Menschen zur Verfügung steht, die sich einsam fühlen.

Anders als in einer Wohnsiedlung in der Innenstadt kamen bei unserem Einzug in das Haus in dem Krefelder Vorort damals alle Nachbarn vorbei, brachten Geschenke und boten ihre Hilfe an. Das war außergewöhnlich. Als Mensch mit offensichtlich internationalem Hintergrund ist einem so eine überschwängliche Willkommenskultur nicht geläufig. Aber der Mensch ist ein Gewohnheitstier. Er gewöhnt sich sogar an das Unerträgliche.

Während meines Studiums im belgischen Leuven wohnte ich mit zwei Zimmernachbarn auf gerade einmal zwanzig Quadratmetern zusammen. In einem umfunktionierten Abstellraum des Eisstadions gab es keine Trennwand für ein wenig Privatsphäre. Es war ein Leben wie in einem überbelegten Gefängnis. Die Mindestanforderungen an eine Einzelzelle in einer deutschen Haftanstalt sind durchaus definiert – eine stolze Fläche von neun Quadratmeter Bodenfläche wird als akzeptabel erachtet. Im Falle von einer Zweierbelegung reichen sogar sieben Quadratmeter pro Insassen aus, um den Standard der Menschenwürde zu erfüllen. Jene, die in einer Art Sicherheitsverwahrung stecken, dürfen sich auf stolze zwanzig bis fünfundzwanzig Quadratmeter Wohnraum inklusive eigener Klo- und Duschgelegenheit freuen. Meine zwei Zimmernachbarn und ich hatten jeweils schätzungsweise 6,7 Quadratmeter zur Verfügung – ohne Toilette und Dusche. Damit bewegten wir uns nach rechtlichen Maßstäben knapp unterhalb der Grenze menschenwürdigen Lebens. Die Insassen deutscher Gefängnisse hätten gegen diese Wohnsituation vermutlich rebelliert. Häftlinge in Deutschland haben in der Regel Zugang zu einer Bücherei, zu einem Bildungs- und Freizeitprogramm, zur Medikamentenversorgung, zu einer Arztgeschäftsstelle, einem Waschservice, einem Fitnessstudio und sind zudem von der Rundfunkgebührenpflicht befreit. Im Bundesdurchschnitt kostet eine Übernachtung in einer Justizvollzugsanstalt rund 110 Euro – so viel wie eine Nacht in einem Dreisternehotel in Berlin.

Auch das Zusammenleben mit meinen Zimmergenossen war ein Abenteuer für sich. Der Slowake und der Kanadier hatten nur ein Ziel vor Augen: Eishockey. Ihr Alltag bestand aus Training, Eishockey, Fernsehen, die Damenwelt beeindrucken und natürlich ausgiebig schlafen, um den harten körperlichen Anforderungen des Eishockeys gerecht zu werden. Mein Lebensinhalt bestand dagegen darin, mein Masterstudium erfolgreich abzuschließen. Neben dem Eishockeyspielen für die belgische Premier-Division-Mannschaft Leuven Chiefs musste ich für das Studium lernen. Außerdem jobbte ich als Eishockeytrainer für eine finnische Arbeiterbelegschaft des Telekommunikationskonzerns Nokia. Der Deal: Geld gab es nicht, dafür aber eine Reihe kostenloser Mahlzeiten im hauseigenen Restaurant des Eisstadions. Ein Handel, der vielleicht nicht das Bankkonto füllte, aber zumindest den Magen.

Doch zurück zu unserem winzigen Zimmer. Es war so eng, dass ich keine Ruhe fand, geschweige denn einen klaren Gedanken fassen konnte. Also musste ich mir alternative Lernorte suchen. Mal saß ich im Eisstadionrestaurant und büffelte für meine Prüfungen, dann wieder im Auto auf dem Parkplatz. Des Öfteren bin ich sogar in die Tiefgarage der Brüsseler Universitätsbibliothek geflüchtet. Und als wäre das nicht schon schlimm genug gewesen, gab es auch noch die berüchtigte Eisdisco. Jeden Samstagnachmittag verwandelte sich das Eisstadion in einen Technotempel. Die Wände vibrierten vom Rhythmus und Klang der dröhnenden Technobeats.

Gute Mitbewohner zu haben ist wie ein Sechser im Lotto. Ich spreche aus Erfahrung. Mit 18 Jahren packte ich meine Koffer und machte mich auf den Weg in die USA. Mein erstes Jahr verbrachte ich in Minnesota, wo ich das Glück hatte, bei einer fantastischen Gastfamilie unterzukommen. Die beiden Söhne der Familie, Joe und Jake, spielten genau wie ich Eishockey. Im darauffolgenden Jahr landete ich im Internat in Lake Placid, einem kleinen

Ferienort in den wunderschönen Adirondack Mountains im Bundesstaat New York. Lake Placid war Austragungsort der Olympischen Winterspiele 1980. Im Internat lebte ich mit Mattie zusammen. Mattie kam aus Berlin und war wegen der Eishockeyausbildung nach Lake Placid gekommen. Die Schule brachte viele NHL-Profis hervor. Ich hatte ihn in der Schulbibliothek angesprochen, weil er einen Pullover der deutschen Eishockeynationalmannschaft trug. Ähnlich wie bei meinem ersten Treffen mit Wladimir Kaminer bei einem Kamingespräch vor über 15 Jahren, bei dem er mich noch für denselben Abend in die »Russendisko« in Berlin-Mitte einlud, war es Sympathie auf den ersten Blick. Wir beide merkten sofort, dass wir Zimmergenossen werden wollten.

Mattie kletterte also auf das obere Bett des Etagenbetts, und ich bezog das untere. Doch schon nach ein paar Wochen wurde deutlich, dass Mattie mehr Zeit damit verbrachte, seinen Sport voranzutreiben, als sich in irgendwelche staubigen Bücher zu vergraben oder dem Unterricht aufmerksam zuzuhören. Anstatt sich auf die Büffelei zu konzentrieren, lernte er meinen Stundenplan auswendig, nur um zu wissen, wann ich das Zimmer verließ und wann ich vom Unterricht zurückkehrte. In unserem Internat gab es außerdem die sogenannten *study hours*, also Pflichtlernzeiten, die von etwa 17 bis 19 Uhr dauerten. Wir durften während dieser Zeit niemals unsere Zimmertür verschließen. Die Lehrer kontrollierten stichprobenartig, ob wir auch tatsächlich lernten. Mattie machte pro forma bei den *study hours* mit und lernte auch die Zeiten der Kontrollen auswendig. Er wusste immer genau, wann die Lehrer unser Zimmer betreten würden. In diesen Momenten sprang er vom Bett herunter und setzte sich mit einem aufgeschlagenen Buch an seinen Schreibtisch. Nach der Kontrolle kletterte er wieder zurück.

Aber Mattie hatte nicht bedacht, dass der Tag kommen könnte, an dem mal ein paar Stunden von meinem Plan ausfallen würden. Und dieser Tag kam schneller als erwartet. Als ich die Zimmertür aufstieß, erblickte ich Matties Beine auf meinem Bett, seine Hose war halb heruntergezogen. Ich hörte ein hastiges Rascheln, als würde er eine VHS-Kassette aus einem Videorekorder herausziehen. Nachdem ich den Vorhang zur Seite gezogen hatte, sah ich sein erschrockenes Gesicht – ich hatte ihn auf frischer Tat ertappt. Da lag er nun auf meinem Bett mit hochrotem Kopf.

»Ah, das ist es also, was du treibst, wenn ich nicht da bin!«, sagte ich spitz.

Wortlos säuberte er die Unordnung, die er bei mir angerichtet hatte, und stieg wieder in sein Bett. Mattie war in der Hinsicht ein Profi. Ein zweites Mal würde er nicht in so eine Situation kommen. Aber auch ich hatte meine Lektion gelernt: nie ohne Vorwarnung das Zimmer betreten und dem Mitbewohner immer genügend Zeit lassen, um reagieren zu können.

Während meiner Studienzeit in den USA konnte ich mir in den ersten beiden Jahren meine Zimmernachbarn nicht aussuchen. Der Zimmernachbar wurde einem per Losverfahren zugeteilt. Und ich hatte das Pech auf meiner Seite. Im ersten Jahr bekam ich Nick aufs Auge gedrückt, einen verwöhnten weißen Oberschichtenjungen. Wir hatten nicht viel gemeinsam und sprachen kaum miteinander. Auch in den USA war mein Zimmer, das ich mit Nick teilte, nicht größer als zwanzig Quadratmeter. Keine Trennwand. Keine Privatsphäre. Nick war der Casanova des Campus. Er hatte ständig verschiedene Frauen in unserem kleinen

Zimmer über Nacht zu Gast. Kaum ein Wochenende verging, an dem er keine Frau in seinem Bett, insbesondere in den Abendstunden, zum Beben brachte. Es gab keinen Rückzugsort und kein Entrinnen vor seinen akrobatischen Aktivitäten. Seine Ambition im Leben bestand darin, so viele Frauen wie möglich flachzulegen. Die Nächte mit ihm im Zimmer waren kurz und schlaflos. Kopfhörer mit Geräuschunterdrückung gab es damals leider noch nicht.

Dann kam das zweite Semester, und gegen Ende unserer gemeinsamen Zeit beschloss Nick, endlich sein Schweigen zu brechen. »Was hast du heute Abend vor?«, fragte er vom Schreibtisch aus.

Ich spürte zum ersten Mal einen Hauch von echtem Interesse an meiner Person. Also spielte ich mit. »Ich habe heute Abend nichts vor«, antwortete ich voller Erwartung, dass er mich nach einem langen Jahr des Schweigens nun endlich zu einem Guinness im Pub einlud.

»Es macht dir doch nichts aus, wenn ich das Zimmer heute Abend für mich habe, oder?«, fragte Nick unverblümt.

Ich hätte es wissen müssen. Nick und ich waren nie dazu bestimmt gewesen, Freunde zu werden. Nach diesem Jahr gingen wir getrennte Wege.

Im zweiten Jahr an der Universität schien ich zunächst Glück zu haben. In der Lotterie wurde mir gar kein Zimmernachbar zugewiesen. Glücklich bezog ich allein mein Zimmer. Doch das Glück war nur von kurzer Dauer.

Mein japanischer Freund Taka kam aufgeregt auf mich zugerannt. »Katastrophe!«, rief er und klang dabei ganz panisch.

»Was ist denn los?«, fragte ich ihn.

»Die Amerikaner haben mir einen zwei Meter großen bulligen, kahlköpfigen, voll tätowierten und grimmigen Serben als Mitbewohner zugelost. Ich kann das nicht. Ich habe Angst! Mit so einem Herkules im Zimmer werde ich keine Nacht ruhig schlafen können. Kannst du nicht mit ihm in ein Zimmer ziehen?«, flehte er mich an. Er war sichtlich verängstigt. Taka ist etwa 1,50 Meter groß und passt in die Trommel einer Waschmaschine.

Mein russischer Freund Azar, der neben mir stand, versuchte, Taka zu beruhigen: »Keine Sorge, mein Freund. Schlaf einfach mit einem geöffneten Auge!«, scherzte er.

»Er wird dir schon nichts tun«, beruhigte ich Taka und sah, wie er sich hastig eine Zigarette anzündete.

»Bitte! Kannst du mit ihm ins Zimmer gehen?«, flehte Taka mich an.

»Ich werde mit ihm reden«, versicherte ich ihm.

Also klopfte ich an die Tür von Takas Zimmer, gespannt, wer sie mir öffnen würde. Nach einer Weile ging die Tür auf, und vor mir stand genau der Mann, den Taka beschrieben hatte: zwei Meter groß, muskulös, mit kahlem Kopf und voller Tattoos. Er sah aus wie ein flüchtiger Schwerverbrecher, dem man nicht in einer dunklen Gasse begegnen möchte.

»Ich bin Uros Nedeljkovic, Takas neuer Mitbewohner«, stellte er sich mit seiner tiefen, metallischen Stimme vor.

Es bedurfte keiner großen Diskussion, um Takas missliche Lage zu verstehen. Im Gefängnis wäre die Hierarchie in der Zelle klar gewesen. Aber Taka wollte sich dieser Hierarchie nicht unterwerfen. Und wozu hat man gute Freunde? Ich überließ also Taka mein Zimmer und zog zum serbischen Bären Uros. Wir kamen erstaunlich gut miteinander aus und führten lebhafte Diskussionen über außenpolitische

Themen. Unsere WG funktionierte auf Augenhöhe. Es gab keine Grenzüberschreitungen, abgesehen von ein paar Malen, als er mich bat, seinen Rücken zu rasieren. Vor dem Schlafengehen trank er immer einen Schluck Rakija und bot mir auch davon an. Meistens lehnte ich höflich ab. Uros gab sich nach außen hin als harter Kerl, aber innen hatte er einen weichen Kern. Er war schüchtern, besonders wenn es um das andere Geschlecht ging. Und das war mein Glück, denn so musste ich keine nächtlichen Besuche von Frauen befürchten und wurde nicht aus meinem eigenen Zimmer ausgesperrt. Irgendwie kam mir Uros wie der Schwarze Häftling John Coffey im Film »The Green Mile« vor.

Im dritten und vierten Jahr an der Universität hatten wir das Privileg, unsere Mitbewohner selbst aussuchen zu dürfen. Zudem stand uns auch ein Haus zur Verfügung. Mit einem Amerikaner im Schlepptau wurden wir vom Universitäts-Quartiersmanagement bevorzugt behandelt. Azar, Taka, Luis, der verrückte Amerikaner Brandon und ich zogen zusammen. Am Campus waren wir bekannt als das »United Nations House.« Azar kam aus St. Petersburg, Russland. Taka aus Yokohama, Japan. Luis kam aus Caracas, Venezuela, und Brandon aus Minnesota. Letzterem gewährten wir quasi politisches Asyl, weil keiner seiner Landsmänner mit ihm zusammenwohnen wollte. Warum das so war, erfuhren wir erst später. Brandon war ein empathieloser Eigenbrötler und so kommunikativ wie ein Backstein. Er sah unschuldig aus, so wie der grausame Serienmörder Jeffrey Dahmer – das Monster von Milwaukee. Er suchte nie unsere Nähe bei Tageslicht, sondern immer zu Zeiten, wenn im Haus alle schliefen. Entweder hämmerte er unhöflich fest gegen die Tür – und das weit nach Mitternacht –, oder aber er stand plötzlich vor unseren Betten und starrte uns an. Sein Verhalten ging definitiv zu weit. Er versetzte uns alle in Angst und Schrecken. Schließlich tötete Dahmer 17 junge Männer, und wir hatten überhaupt keine Lust, in einer Tiefkühltruhe oder in einem Plastikfass zu enden. Deshalb beschloss der Sicherheitsrat des Hauses – Azar, Luis, Taka und ich –, eine Dringlichkeitssitzung einzuberufen, um das Monster von Milwaukee aus unserem Heim zu verbannen. Vier Nationen stimmten gegen die USA. Brandon wurde das Vetorecht verwehrt. Als Einheit übermittelten wir ihm unser Votum. Er musste einsehen, dass er der Mehrheit unterlegen war. Mit Widerwillen packte er seine Sachen und hinterließ ein Chaos. Wir ließen das Schloss an der Haustür austauschen, aber dennoch lebten wir für viele Monate in Angst vor seiner Rückkehr. Glücklicherweise ließ er uns in Ruhe. Wir sind alle noch am Leben. Jeffrey Dahmer hingegen wurde 1994 im Gefängnis von einem Mithäftling ermordet.

Das Zusammenleben in unserer internationalen Männerwohngemeinschaft war sehr angenehm. Unser Haus roch nicht nach Lavendel oder Blutorange, dafür nach Arepas mit frittierter Kochbanane, nach Misosuppe, Ramen und Borschtsch. Die internationalen Gerüche drangen tief in unsere Kleidung ein, wahrscheinlich zogen wir eine Duftfahne hinter uns her. Für die Amerikaner war es ein Hauch von Welt. Aus Takas Zimmer ertönte die Musik der japanischen Popsängerin Angela Aki. Luis bevorzugte die Musik des guatemaltekischen Sängers Ricardo Arjona. Er spielte Arjonas Lieder so oft, dass ich schon anfing, auf Spanisch zu träumen. Azar mochte es immer melancholisch und spielte traurige russische Soldatenlieder.

Unsere Männer-WG war ein eingeschworenes Team. Nach dem Rausschmiss unseres amerikanischen Kommilitonen beschlossen wir, eine Art Mitbewohnercasting ins Leben zu rufen. Beim neuen Mitbewohner wollten wir nichts dem Zufall überlassen und einen zweiten Brandon vermeiden. Nicht umsonst heißt es im Volksmund: »Drum prüfe, wer sich ewig bindet – ob sich nicht was Bess'res findet.« Dafür entwarfen wir einen allgemeinen Fragebogen, der sich in vier Teile gliederte. Der erste Teil gab Auskunft über Namen, Alter, Studiengang, Nationalität, Musikgeschmack und Hobbys. Heute würden wir auch nach einer Liste sämtlicher Social-Media-Kanäle fragen. Beim zweiten Teil ging es um Allgemeinwissen, Sprachkenntnisse und politische Ansichten. Wir forderten den Bewerber auf, eine außenpolitische Position oder ein kulturelles Thema seiner Wahl argumentativ darzustellen. Beim dritten Teil stellten wir Fragen wie: Welches Küchengerät würde dich am besten beschreiben? Wenn du ein Tier wärst, welches Tier wäre das? Was sind deine drei stärksten positiven und negativen Eigenschaften? Was würden deine ehemaligen Mitbewohner über dich sagen? Wovor hast du Angst? Hier wollten wir die emotionale Stabilität, soziale Kompetenz, Leistungsmotivation, Kooperations- und Reflexionsfähigkeit des Bewerbers testen. Der vierte und letzte Teil des Auswahlverfahrens beinhaltete einen psychologischen Eignungstest, der unter anderem Textrechenaufgaben, Zahlenmatrizen, Wortanalogien und Textanalysen umfasste.

Das Auswahlverfahren mag etwas übertrieben klingen, war aber nach unserer Erfahrung mit Brandon eine Notwendigkeit. Wir hatten eine gute Anzahl potenzieller Bewerber. Einige davon redeten allerdings nach dem Casting nicht mehr mit uns. Und am Ende überzeugte uns schließlich Akram aus Aserbaidschan mit seinem Vortrag über die

»Politische Transformation im postsowjetischen Aserbaidschan«.

Ein halbes Jahr lang lebte ich auch im Haus meiner Freunde aus Saudi-Arabien. Das war eine Erfahrung, die ich in Deutschland wohl so nie hätte machen können. Auf einem ausgebreiteten Dastarkhan saßen wir im Schneidersitz auf dem Boden und nahmen die Mahlzeiten mit der Hand zu uns. Im Haus gab es sogar ein Gebetszimmer, wo meine arabischen Freunde versuchten, fünfmal am Tag zu beten. Dann hieß es immer: »Martin, bleib im Wohnzimmer. Wir gehen kurz beten!«

Es war eine faszinierende Zeit. Doch am Ende wurde mir klar, dass nationale oder internationale WGs für mich nicht mehr infrage kommen. Egal ob in Deutschland oder anderswo auf der Welt, der Müll, die ständig dreckige Toilette und der chaotische, nahezu katastrophale Hygienezustand in einer Männer-WG sind überall gleich.

Frauen-WG

Wladimir Kaminer

Berlin hat ein riesiges Wohnproblem, die Bevölkerung wächst, der Wohnungsbau stagniert. Viele Geflüchtete ziehen in die Hauptstadt, sie glauben, nur in den Großstädten spielt die Musik. Die Studenten, die Jugend, kommt ebenfalls hierher, und der Bundestag wird von Jahr zu Jahr immer größer – alle diese Menschen müssen irgendwo leben. Laut demografischem Bericht ist Berlin eine junge Stadt mit einem Durchschnittsalter von 42 Jahren, die Jugend feiert hier ununterbrochen Party, von Montag bis Sonntag ist tanzen angesagt. Dabei sterben die alten Berliner laut dieser Statistik gar nicht. Es gibt nirgendwo in Deutschland so viele Hundertjährige wie in der Hauptstadt.

Das berühmte Hotel »Adlon« wollte einmal seinen hundertsten Geburtstag mit einer schlauen Aktion feiern. Die Hoteldirektion verkündete, am Geburtstagstag des »Adlon« werde jede Person, die hundert Jahre alt sei und das mit Vorzeigen eines Ausweises belegen könne, mit einem Glas gutem hundertjährigem Cognac aufs Haus beschenkt. Diese

Einladung veröffentlichte die Administration des Hotels in sämtlichen Berliner Zeitungen. Ich weiß, ehrlich gesagt, nicht, was sie sich dabei gedacht haben, glaubten sie wirklich, sie würden nach einer solchen Ansage mit ein paar Flaschen Schnaps aus der Sache rauskommen? An besagtem Tag kam es Unter den Linden zu einem kilometerlangen Rollstuhlstau, Senioren mit Rollatoren bewegten sich aus allen Himmelsrichtungen auf das »Adlon« zu, langsam, aber zielsicher. Es waren Tausende, manche Seniorenheime hatten Busse gechartert, um einen Ausflug zum Hotel zu machen. Bereits nach vier Stunden gingen dem Barkeeper nicht nur der Cognac, sondern auch alle Schnäpse aus. Die Hundertjährigen kamen noch immer und meinten, zur Not wären sie auch mit einem Bier zufrieden.

Die Stadt wird also immer größer, und mit der Stadt wächst auch das Wohnproblem. Die Lösung scheint auf der Hand zu liegen: Der Staat sollte mehr bauen und den Spekulanten das Handwerk legen. Aber der Staat ist ein träges Wesen, er braucht Zeit zum Gedankensortieren, es vergehen Jahre, bis er irgendetwas von allein tut. Wir Menschen müssen aber im Hier und Jetzt leben und neue Wege erfinden, um in Berlin eine Bleibe für alle zu organisieren. Eine alte Erfindung ist die WG – eine Wohngemeinschaft. Unterschiedliche Menschen mieten zusammen eine größere Wohnung, jeder bekommt ein Zimmer, Küche und Dusche werden gemeinsam genutzt. Diese WGs gab es in Berlin bereits vor über dreißig Jahren, bestimmt haben die Menschen auch vor tausend Jahren so oder so ähnlich gelebt. War die Höhle eines Neandertalers so anders als eine WG? Das Neue an den modernen WGs ist – sie wollen keine zufälligen Ansammlungen von vorübergehend Obdachlosen sein, die sich keine eigene Wohnung leisten können, sie haben den Anspruch, Interessengemeinschaften zu bilden, mit Menschen, die sich aufgrund ihrer Weltanschauung, ihres Genders, Alters oder gemeinsamer Aktivitäten zusammentun, zum Beispiel in Senioren-WGs oder Veganer-WGs, oder wie meine Nachbarin Elisabeth es gemacht hat: in einer Frauen-WG.

Ich fühle mich in gewisser Weise geehrt, diese Frauen-WG ab und zu als Gast besuchen zu dürfen, Elisabeth und ich, wir kennen uns schon sehr lange. Sie hat zwei Mitbewohnerinnen. Es sind heterosexuelle Frauen, die sich entschieden haben, keine Männer als Mitbewohner zu haben. Sie sind keine Singles im archaischen Sinn, sie erzählen ab und zu von Romanzen und sind permanent in irgendwelche Beziehungen verwickelt, doch alle diese Beziehungen und Romanzen finden außerhalb ihrer WG statt. Elisabeth, die Hauptmieterin, erklärte mir, dass sie lange gebraucht hat, um zu diesem Konzept zu finden. Irgendwann stellte sie fest, dass Angehörige des sozialen Konstrukts »Männer«, jeder für sich genommen ein prachtvoller Kerl, als Mitbewohner toxisch waren. Man kann lange darüber sinnieren, warum das so ist, warum es ausgerechnet Männer sind, die Stunden auf dem Klo verbringen, überall in der Wohnung ihre nassen Haare verteilen, Hanteln im Korridor auf dem Boden herumrollen lassen, mit extrem aggressivem Glasreiniger Hände waschen, ihre Socken auf dem Esstisch platzieren, Zigarrenstummel in die Blumenkästen stecken und einen schleichenden Alkoholismus in den Haushalt bringen. Aber es nützt nichts, darüber zu sinnieren oder zu versuchen, sie umzuerziehen. Es ist einfach so, und diese Erkenntnis hat Elisabeth aus ihrer langen Erfahrung mit männlichen Mitbewohnern gewonnen: Um eine gute Beziehung zu den Männern zu pflegen, darf man sie nicht in den eigenen Alltag lassen, so klang ihr Fazit. Also vermietete sie ihre Zimmer nur an Studentinnen und kam gut über die Runden mit ihrer Frauen-Dreier-WG.

Ich fand ihr Männer-Bashing okay, habe mir aber trotzdem ein wenig Sorgen gemacht, dass die Frauen ganz ohne Männer sich zu doll entspannten. Weil ich Elisabeth schon sehr lange kenne, habe ich es geschafft, ihr einen Kater unterzujubeln. Der Kater war gerade aus den umkämpften Gebieten in der Ukraine geflüchtet. Eine junge Geflüchtetenfamilie konnte ihn in ihrem Ausländerwohnheim nicht behalten, und ich konnte ihn auch nicht nehmen, weil ich stets auf Reisen bin. Also habe ich gefragt, ob Elisabeth den Kater für eine Weile bei sich in ihrer Frauen-WG aufnehmen würde. Als herzensgute, tierliebe Person konnte sie nicht Nein sagen. Und ich als Angehöriger des sozialen Konstruktes »Mann« freute mich darüber, in diese Frauen-WG einen Kater eingeschleust zu haben.

Der Kater war jung, schwarz und wuchs unglaublich schnell. Mit sechs Monaten sah er schon wie ein dreijähriger Kater aus. Elisabeth verliebte sich in ihn und nannte ihn nach ihrem Lieblingsschauspieler Antonio Banderas. Alles, was sie in den Männern, die sie kannte, nicht finden konnte, fand sie in Banderas wieder: Er war solide, häuslich und treu. Dazu hübsch und stark. Ein Prachtstück von einem Mann. Zwar ging er jeden Tag auf den Hof und auf die Straße und machte wahrscheinlich alle Katzen im Prenzlauer Berg verrückt, doch abends kam er stets wieder in die Frauen-WG zurück, legte sich Elisabeth zu Füßen und brummte dabei wie ein Hund. Er genoss tatsächlich viel Liebe in dieser Frauen-WG, alle Mädchen waren in Banderas verliebt und fütterten ihn, was das Zeug hielt.

Der Kater wuchs immer weiter, erreichte eine immense Größe und verwandelte sich Ende April in eine riesige Kugel, die sich nur noch durch die Wohnung rollen konnte. Die ganze Zeit saß er auf dem Sofa und schnaufte. Es sah unnatürlich aus. Er war wahrscheinlich krank, und Elisabeth beschloss, Banderas zum Tierarzt zu bringen. Der Arzt untersuchte ihn und überraschte mit seiner Diagnose. Er behauptete, Banderas sei schwanger, also kein Kater, sondern eine Katze. Das war für Elisabeth ein harter Schlag. Sie glaubte dem Arzt nicht und zeigte auf einen Teil von Banderas, der eindeutig für seine Männlichkeit sprach. Das habe gar nichts zu bedeuten, grinste der Arzt schadenfroh, es sei eine Muskelverdickung, die bei Katzen oft vorkomme. Es sehe zwar aus wie ein Geschlechtsorgan, sei aber keins.

Elisabeth war von der Welt maßlos enttäuscht und bat mich, das blöde Weib zu den Ukrainern zurückzuschicken. Die Ukrainer waren aber zu diesem Zeitpunkt aus dem Heim nach Neubrandenburg gezogen. Also ging ich mit dem schwangeren Banderas zum Antiquar in der Senefelderstraße, der mir vor Kurzem erzählt hatte, er habe Mäuse in seinem Laden entdeckt und wolle sie nun mit allen Mitteln bekämpfen. Als Gegenleistung dafür, dass der Buchhändler Banderas aufnahm, kaufte ich ihm fünf Krimis von Georges Simenon in russischer Sprache ab. Weiß der Teufel, wie diese Bücher in seinen Laden gekommen waren. Aber in letzter Zeit sehe ich tatsächlich oft russische Bücher auf den Flohmärkten liegen, ihre Inhaber, von den Russen wahrscheinlich enttäuscht, wollen sie nicht mehr haben. Der erste Roman hieß »Kommissar Maigret und die Leiche einer schönen Dame«, der zweite, noch bessere, »Kommissar Maigret im Kabarett Picratt's«.

Eine Woche lang las ich nur Georges Simenon und kam zu dem Schluss, sein Kommissar müsse ein Alkoholiker sein. Diese typisch französische Art, schwere Verbrechen zwischen zwei, drei Gläschen Pernod aufzuklären, faszinierte mich. In Simenons Romanen saufen alle Männer wie die Pferde, das ganze Buch durch. Die Verbrecher in diesen Romanen, sei es ein kleiner Drogendealer oder ein kaltblütiger Mädchenmörder, kippten ein Glas nach dem anderen in sich rein, und alles durcheinander: Cognac, Martini, Whiskey, Gin, Calvados … wie die Berliner Hundertjährigen. Man staunte, wie sie nach einem solchen Alkoholkonsum überhaupt noch zu ihren Verbrechen fähig waren. Aber auch bei den Polizisten fing der Tag mit einem Bier zum Frühstück an, gleich danach folgte schon das erste Glas Wein zum Munterwerden.

Kommissar Maigret musste auf diese Weise nach meiner Berechnung schon mittags mit mindestens 1,5 Promille im Blut seine Untersuchungen durchführen. Wahrscheinlich wird er gerade deswegen in den Romanen um diese Tageszeit immer völlig ratlos. Dann schickte Simenon ihn für gewöhnlich in eine Kneipe und füllte ihn so lange mit Wodka und Gin ab, bis er wieder aus der Sackgasse herausfand. Wenn Maigret abends nach Hause kam, konnte er kaum noch sprechen. Er wechselte nur ein paar Sätze mit seiner Frau, die oft gar keinen Sinn mehr ergaben und sehr kurz waren. Diese Gespräche ließen die Leser vermuten, dass der Kommissar Maigret abends vollkommen zu war. Er war in heutigem Jargon ein Paradebeispiel für einen toxischen Mitbewohner. Seine Frau hatte aber anscheinend großes Verständnis für das Benehmen ihres Mannes. Jedenfalls regte sie sich in keinem der Romane deswegen auf. Ich glaube, sie liebte Maigret einfach so, wie er war –

die beiden waren ein sehr glückliches Paar. Damals hatten die Frauen mit ihren Männern wohl mehr Geduld.

Zwei Wochen später besuchte ich den Buchhändler erneut und musste erfahren, Banderas sei Mutter geworden und habe am Mäusefangen überhaupt kein Interesse.

Hotel Mama und Papa

Martin Hyun

Etwa ein Drittel der Generation Z plant laut Recherchen der *New York Times*, langfristig bei den Eltern zu leben. Das sind die hippen Kids, die zwischen 1996 und 2009 das Licht der Welt erblickt haben. Der Traum vom Eigenheim ist für die Mehrheit dieser Generation in weiter Ferne. Etwa ein Drittel dieser Generation zieht es vor, bei seinen Eltern einzukehren und sich dort langfristig einzunisten – im Hotel Mama. Und währenddessen haben einige von ihnen die Couch im Wohnzimmer zum neuen Schlafzimmer erklärt.

Das Thema Eltern als Nachbarn sorgt in unserem Freundes- und Bekanntenkreis, der hauptsächlich der Generation X (1966–1980) entstammt, für hitzige Diskussionen. Laut einer Forsa- Umfrage wollen weniger als die Hälfte der Deutschen ihre eigenen Eltern als Nachbarn haben. Eine Bekannte berichtete uns von ihrer besten Freundin, die mit ihren Schwiegereltern zusammenlebt. Diese hatte ihr erzählt: »Es geht nie gut! Die Schwiegereltern sehen den Sohn immer als Sohn an und nicht als meinen Ehemann. Es gibt keine Privatsphäre und vor allem keine Möglichkeit, sich mal zurückzuziehen!« Danis Freundin Olivia reagierte entsetzt: »O mein Gott! Das ist definitiv zu viel Nähe! Da ist die Gefahr ja viel zu groß, dass die Eltern sich überall einmischen! Grenzüberschreitungen sind vorprogrammiert!«

Als Sohn südkoreanischer Gastarbeiter habe ich eine etwas andere Perspektive. Ich bin es gewohnt, dass sich meine Eltern ständig in meine persönlichen Angelegenheiten einmischen. Koreanische Eltern sind einfach Meister im Einmischen, vor allem wenn es um ihre Kinder geht. Und das hört auch im Erwachsenenalter nicht auf.

Nach einem siebenjährigen Aufenthalt in den USA und in Belgien war ich froh, schließlich zu meinen Eltern zurückzukehren. Der verlorene Sohn kehrte heim, und ich hatte keinen Zweifel daran, entsprechend begrüßt zu werden. Warum sollte ich in eine eigene Wohnung ziehen und horrende Mieten zahlen? Einige Freunde rieten mir davon ab und erklärten, dass die Rückkehr in das elterliche Haus ein Rückschritt für die Entwicklung der Persönlichkeit sein kann und eine Hürde, Verantwortung zu übernehmen. Als junger Erwachsener bei den Eltern zu leben ist ein negatives Stigma in unserer Gesellschaft. Dafür gibt es den Begriff Nesthocker. Das Stigma oder als Nesthocker bezeichnet zu werden war mir jedoch egal. Nach sieben Jahren im Ausland sehnte ich mich nach einer gewissen Verantwortungslosigkeit, elterlicher Unterstützung und Liebe. Ich war zu dem Zeitpunkt Single, ungebunden und rückkehrwillig. Mit 18 Jahren hatte ich das elterliche Nest verlassen. Als junger Erwachsener kehrte ich zurück.

Im Haus meiner Eltern waren einige Zimmer frei. Meine Schwestern Julia und Simone waren längst ausgezogen. Julia hatte es nach Bochum verschlagen, und Simone war in Krefeld geblieben. Damit hatte ich bis auf den Yogaraum meines Vaters viele Zimmer zur Auswahl und bezog das komplette Obergeschoss in der zweiten Etage. Einen Raum davon machte ich zu meinem Arbeitszimmer. Simones altes Kinderzimmer wurde zu meinem begehbaren Kleiderschrank. Ich breitete mich aus und machte es mir gemütlich im Hotel Mama und Papa. Meine Wäsche wurde gewaschen und gebügelt. Der Kühlschrank war stets gut gefüllt, und meine Mutter bekochte mich mit meinen koreanischen Lieblingsspeisen, als gäbe es kein Morgen. Wenn ich morgens aufstand, wartete der reichlich gedeckte Frühstückstisch auf mich. Bei koreanischen Eltern gilt: Nach dem Essen ist vor dem Essen. Deshalb bereitete mir meine Mutter nach dem Mittagessen auch stets einen Obstteller vor, damit ich meine Vitamine für den Tag abdeckte, ebenso wie einen Ginseng-Tee für ein starkes Immunsystem, die Verbesserung der kognitiven Funktionen und die Regulierung des Blutzuckerspiegels. Meine Aufgabe bestand einzig darin, anwesend zu sein. Ich war wahrlich im Paradies. Und im Paradies fällt es schwer, eine andere Perspektive einzunehmen.

Während unserer Abwesenheit hatte sich mein Vater an ein *empty nest* ohne Kinder gewöhnt, obwohl er sich wie alle koreanischen Eltern anfänglich sehr schwer damit getan hatte, uns loszulassen. Mein Vater schien die trubelfreie Zeit ohne Aufregung und Unordnung aber zu genießen und konnte sich dementsprechend schnell anpassen. Abgesehen vom Yogaraum meines Vaters hatten meine Eltern alle Kinderzimmer in ihrer ursprünglichen Form belassen und nichts verändert. Die Eltern einiger Bekannten dagegen verkauften das Haus oder gestalteten die Kinderzimmer beispielsweise in ein Mal- oder Musikstudio um.

Nach einigen Monaten des Zusammenlebens bat mein Vater mich für eine Unterredung in die Küche. »Setz dich!«, sagte er, zündete sich dabei eine Zigarette an und inhalierte tief.

Ich setzte mich und fragte: »Was gibt es denn?«

»Es fällt mir wirklich schwer, das zu sagen, aber es muss sein«, fing er an und schaute mir dabei tief in die Augen.

»Was brennt dir denn auf der Seele, Vater?«

»Wenn du mit dreißig Jahren noch immer zu Hause lebst, muss ich dich leider rausschmeißen!«, antwortete er streng.

Seine Worte trafen mich wie heißes Öl. Es kam mir vor wie ein Rauswurf mit Ultimatum. Ich merkte, dass diese Worte meinem Vater sehr schwerfielen und ihn große Überwindung kosteten. Schließlich war es mein Vater gewesen, der mich sieben Jahre vorher nicht nach Amerika hatte ziehen lassen wollen. Also wollte ich es ihm noch schwerer machen, als es ohnehin schon für ihn war, und redete ihm ins Gewissen.

»Papa, ich will für immer mit dir zusammenleben, solange ich lebe! Was ist aus diesen Plänen geworden?«, rief ich so traurig, wie es nur ging.

»Nein, das geht nicht!«, antwortete er schnell und entschlossen. Während er nachdenklich an seiner Zigarette zog, versuchte er, den direkten Blickkontakt mit mir zu vermeiden. Wer die koreanische Kultur kennt, weiß, dass die Kinder bis zur Hochzeit bei den Eltern leben. Ein frühzeitigerer Ausflug in die Freiheit ist ausgeschlossen.

Ausnahmen werden höchstens beim Studium oder zum Zwecke der beruflichen Vervollkommnung akzeptiert. So einfach wollte ich Vater also nicht davonkommen lassen.

»Doch! Ich möchte für immer mit dir zusammenleben!«, entgegnete ich entschieden.

Vater schwieg, schüttelte nur den Kopf und starrte zu Boden.

In den USA beträgt das Durchschnittsalter, in dem die Kinder aus dem elterlichen Haus ausziehen, 27 Jahre. In Deutschland liegt das Durchschnittsalter bei Männern bei 24,6 Jahren (Stand 2020).

Zum Zeitpunkt meiner Rückkehr in die vier Wände meiner Eltern war ich 25 Jahre alt, ich hatte also durchaus noch ein bisschen Zeit. Genug Zeit, um nachzudenken und Pläne für eine Post-Hotel-Mama-und-Papa-Zeit zu schmieden. Genug Zeit, um noch eine Weile Mutters Küche und Obstteller zu genießen.

Meine Schwestern Julia und Simone waren über die Umfunktionierung ihrer ehemaligen Kinderzimmer nicht erfreut. Auch nicht über meine Rückkehr als verlorener Sohn in das traute Familienheim. Das war beiden ein Dorn im Auge. Beide sahen sich in ihrer Ungleichbehandlung bestätigt, als sie bei ihren Besuchen oder unangekündigten Inspektionen meine Mutter dabei beobachteten, wie sie mich kulinarisch verwöhnte und alle meine Lieblingsspeisen auftischte: den besten Reis mit fünf gesunden Körnern, darunter Vollkornweizen und Hafer, mit braunem und schwarzem Reis vermischt. Handgemachte Nudeln und Mandus, Bulgogi, Bibimbap, frisch gemachte Kimchis und Kimbap. Im Hanjeongsik-Stil brachte meine Mutter gleichzeitig koreanische Pfannkuchen, Doenjang-guk (Sojabohnenpasteneintopf), geschälte Krabben, rohen Fisch,

Patbab (eine Mischung aus Reis, Bohnen und Nüssen), verschiedene Suppen und weitere Köstlichkeiten auf den Tisch. Selbst koreanische Könige haben nicht besser diniert. Dabei folgte meine Mutter der Eumyang-Ohaeng-Philosophie, die darauf bedacht ist, alle fünf Geschmacksrichtungen in Harmonie und Eintracht zu bringen. Die Gerichte werden gegrillt, gekocht, gedämpft, gebraten oder gesalzen.

»Wir wussten schon immer, dass du deinen Sohn bevorzugst!«, beschuldigten Julia und Simone meine Mutter.

Mutter, nichts ahnend und fest in ihrem Glauben verwurzelt, antwortete energisch: »Ich habe euch alle lieb und behandle alle gleich!«

Ich war zu beschäftigt damit, meine Geschmacksnerven mit leckeren Mandus und Zucchinipfannkuchen in Harmonie und Eintracht zu bringen, um mich an der Diskussion zu beteiligen.

Später schickte ich den beiden noch ein Foto von meiner neuen Kaffeetasse, auf der stand: »Weltbester Sohn«. Darunter schrieb ich: »Schaut mal, was Mutter mir geschenkt hat! Viele Grüße!« Ich fügte ein paar zwinkernde Emojis hinzu.

Das löste eine wahre Empörungswelle bei meinen Schwestern aus, die in einem Telefonaufstand gipfelte. Julia und Simone riefen sofort zu Hause an, um meine Mutter damit zu konfrontieren, warum sie nie »Weltbeste Tochter«-Tassen von ihr erhalten hatten.

Ein Jahr später wagte ich schließlich den großen Schritt: Ich ließ das paradiesische Leben bei meinen Eltern hinter mir und nahm ein Jobangebot in Südkorea an. Es war schön, Zeit mit meinen Eltern zu verbringen und ihre Liebe sowie ihre Fürsorge zu genießen. Doch ich habe meine Lektion gelernt: Einmal ausgezogen, ist ein Zurück ins elterliche Nest nur mit Einschränkungen möglich. Egal ob mit 24 oder 40 Jahren, die Eltern werden einen immer wie ein Kind behandeln. Mein Vater hat eine ganz besondere Art der Liebe: Je weiter einer von uns dreien vom elterlichen Haus entfernt wohnt, desto stärker schlägt sein Herz für ihn. Die Entfernung ist für ihn der entscheidende Faktor. Und da ich damals immer noch zu Hause wohnte, landete ich auf dem dritten Platz – ganz unten auf der Sympathieleiter. Simone, die direkt nebenan wohnte, sicherte sich souverän den zweiten Platz, während Julia, die in Bochum residierte, die Spitzenposition einnahm. Julia war zu der Zeit Vaters Lieblingskind. Als ich nach Korea zog, schaffte ich den Sprung vom Ende der Beliebtheitsskala an die Spitze.

Es gibt viele Gründe, warum sich jemand dafür entscheidet, mit seinen Eltern oder Schwiegereltern in unmittelbarer Nachbarschaft zu leben. Das können familiäre Verpflichtungen, finanzielle Probleme, eine gescheiterte Beziehung, Arbeitslosigkeit, Sparmaßnahmen, Unterstützung bei der Kinderbetreuung, der emotionale Rückhalt oder die Pflege der Eltern sein. Als zum Beispiel die Nachbarn im Reihenhaus neben meinen Eltern auszogen, nutzte meine Schwester Simone die Gunst der Stunde und kaufte das Haus. Obwohl es viele Interessenten dafür gab, erhielt sie den Zuschlag. Da half es, dass wir die Nachbarn und Vorbesitzer gut kannten. Denn meine Eltern hatten sich immer um das Haus gekümmert, wenn die Nachbarn im Urlaub waren.

Simone gehört zu den Personen, die die Nachbarschaft zu den Eltern als zusammenschweißend empfinden. Schon bevor meine Nichte Mathilda das Licht der Welt erblickte, zog Simone mit ihrem Lebensgefährten Dennis in Hausnummer 15 G ein. Nur ein paar Schritte von unseren Eltern entfernt, die im Haus 15 F leben. Die zukünftige Kinderbetreuung spielte sicher eine wichtige Rolle für ihre Entscheidung. Wenn Simone beim Kochen eine Zutat fehlt, kann sie schnell rüber zu den Eltern, um sie sich zu holen und vice versa. Es muss kein Rasenmäher angeschafft werden, da meine Eltern bereits einen besitzen; Gleiches gilt für bestimmte Werkzeuge. Da meine Schwester und ihr Mann Vollzeit arbeiten, wartet nach Feierabend das Abendessen in Mutters Küche. Meine Nichte Mathilda wird von meiner Mutter aus der Kita abgeholt und bleibt so lange in ihrer Obhut, bis beide Eltern zu Hause sind. Ein Bild der Idylle und des harmonischen Zusammenlebens.

Dennis wurde unterdessen zum IT-Administrator meiner Eltern berufen. Er kümmert sich um die Installierung jeglicher elektronischer Geräte im Haushalt und garantiert damit, dass mein Vater jederzeit südkoreanische Politsendungen auf Youtube anschauen kann. Die Einrichtung eines Notfallarmbands für ihn scheiterte daran, dass er mehrfach versehentlich auf den Alarmknopf drückte. So häufig, dass die Mitarbeiter aus der Notrufzentrale meinen Vater bereits sehr gut kannten. »Ah, Herr Hyun! Sie schon wieder! Haben Sie wieder aus Versehen den Alarmknopf erwischt?«, schallte es oft beim Rückruf aus dem Telefonhörer. Stattdessen prägte mein Vater sich für den Notfall eine Nummer ein – die von Dennis. Sobald er dort anruft, bedeutet das: Besorgungen, Botengänge, Rasenmähen, Autowartung, Friseurbesuche, verlockende Angebote aus Werbeprospekten, die es zu ergattern gilt, Überweisungen, kleine Reparaturen im Haus – Dennis ist der Mann für all diese Lebenslagen. Er ist wie Super Mario: immer bereit, wenn man ihn braucht.

Einige mögen das vielleicht als überwältigend oder einnehmend empfinden, aber in einer koreanischen Familie gibt es keine Privatsphäre oder Abgrenzungsansprüche. Das sind exotische Worte aus einer anderen Galaxie. Das Zusammenleben mit koreanischen Eltern bedeutet, Teil einer eng verbundenen Familieneinheit zu sein. Das kann manchmal eine Herausforderung sein, aber auch eine unglaublich lohnende Erfahrung mit einzigartigen kulturellen und kulinarischen Einblicken.

Auf gute Sitzplatznachbarschaft

Martin Hyun

In der dritten Szene des vierten Akts von Friedrich Schillers »Wilhelm Tell« heißt es: »Es kann der Frömmste nicht in Frieden leben, wenn es dem bösen Nachbarn nicht gefällt.« Irgendwie, irgendwo, irgendwann werden wir früher oder später selbst zu Nachbarn oder sind von Nachbarn umgeben. Von guten, von rücksichtslosen – Nachbarn kommen in allen möglichen Varianten und Variationen vor.

Bei einem Flug nach Rom hatte ich das Vergnügen, auf dem berüchtigten Mittelplatz zwischen einem österreichischen und einem schwäbischen Geschäftsmagnaten zu sitzen, die sich in einem Feuerwerk aus Schmäh und Schwäbisch über die technischen Vor- und Nachteile sämtlicher Gerätedisplays unterhielten. In der Mittelreihe zu sitzen bedeutet jedoch nicht nur keinen direkten Zugang zum Gang, kein Fenster und zwei Nachbarn zu haben, sondern vor allem eins: Krieg um die Armlehnen. In einer Welt, in der Flugzeuge enger sind als Sardinenbüchsen und die

Menschheit gleichzeitig an Körperfülle zuzulegen scheint, wird dieser Konflikt zur wahrhaften Schlacht. Rein rechtlich gesehen, gehört die Armlehne niemandem. Aber inoffiziell hat derjenige in der Mitte das Vorrecht darauf. Mein Sitznachbar am Gang dachte allerdings, er könne sich einfach so breitmachen und beanspruchte die komplette Armlehne zwischen uns für sich. Wir drückten uns beide stumm und hartnäckig dagegen, keiner wollte nachgeben. Er suchte förmlich den Körperkontakt zu mir. Und nachdem das Flugzeug abgehoben hatte, legte er noch einen drauf: Er breitete seine Zeitung über die Hälfte meines Tisches aus. Das war eine Kriegserklärung.

Einige Menschen lernen ihre Lektion nur auf die harte Tour. Er missachtete eindeutig meine Wohlfühldistanz. Fünfzig Zentimeter gelten als intime Distanz. fünfzig bis hundertfünfzig Zentimeter gelten als persönliche Distanz, auch wenn diese in einem Flugzeug schwierig einzuhalten ist. Und so ergoss sich aus Versehen der Inhalt meines Wasserbechers über seinen Schoß. Als höflicher Mensch entschuldigte ich mich für das Missgeschick und sah ihm dabei direkt in sein grimmiges Gesicht. Die Lust am Zeitunglesen war ihm mit der nassen Hose gründlich vergangen. Den restlichen Flug hielt er sich sowohl an die persönliche als auch die Wohlfühldistanz – die Armlehne war gewonnen. Bis Rom herrschte nach diesem erbitterten Kampf ein fragiler Waffenstillstand.

Einige Stunden später zeigte mein Amazon-Account als Kaufvorschlag eine schillernde Auswahl an faltbaren Armlehnenaufsätzen, als hätte der Onlineshop meinen Luftkampf live mitverfolgt. Die faltbare Armlehnenaufsatzrevolution versprach das Ende aller Flugzeugstreitereien und -kriege. In einer Welt voller Armlehnen- und Ellenbogenkämpfe kann ein kleines bisschen Technologie manchmal der Schlüssel zum Frieden sein.

Am Ende meiner Romreise beschloss ich, beim nächsten Mal besser vorbereitet zu sein – und mir ein paar Strategien zur Armlehnendiplomatie zurechtzulegen. Dafür setzte ich mir ein ehrgeiziges Ziel: Ich würde die Kommunikationstaktik einsetzen. Statt mich in einen stummen Armlehnenkrieg verwickeln zu lassen, würde ich freundlich meinen Sitznachbarn oder meine Sitznachbarin fragen, welchen Teil der Armlehne ich okkupieren dürfe. Wenn die territorialen Gegebenheiten geklärt sind, kommt es hoffentlich zu keiner Grenzüberschreitung und keinem ungewollten Körperkontakt mehr.

Auch wenn ich meine innerdeutschen Reisen mit der Deutschen Bahn antrete, habe ich meistens das Vergnügen, die wundersame Welt der Sitzplatznachbarn zu erleben. Es ist wie eine Lotterie – man weiß nie, welche Art von Person sich neben einem hinsetzt. Da gibt es den Meister des lauten Telefonierens, den Stinker, der sich seit Monaten nicht mehr gewaschen hat, den Breitbeinigen, der dich in eine winzige Ecke drängt, den unaufhörlich Essenden, die Schlafende, die Musikhörerin, den Doppelsitzplatzbesetzer mit seinem Rucksack oder Koffer, die Schuhauszieherin und die Leserin. Dies ist nur eine kleine Auswahl von möglichen Sitznachbarinnen und Sitznachbarn, denen man in der Bahn begegnen kann. Grundsätzlich reserviere ich meinen Platz, wenn ich mit dem ICE unterwegs bin, in der Hoffnung, mir damit die nervenaufreibende Platzsuche zu ersparen. Doch der Deutsche-Bahn-Gott meint es oft nicht gut mit mir, denn sehr häufig kommt es zu spontanen Änderungen bei der Wagenreihung, fehlenden Wagen oder ausgefallenen Reservierungsanzeigen.

Während der Coronapandemie erreichte der antiasiatische Rassismus leider traurige Höhepunkte. Physische Übergriffe, Beschimpfungen und Beleidigungen waren an der Tagesordnung. Aber jede Medaille hat ihre Kehrseite. Denn im Fitnessstudio traute sich niemand, im Umkreis von fünf Metern neben mir oder um mich herum zu trainieren. Und auch in der S-Bahn hatte ich meinen eigenen Viererplatz. Nur betrunkene Bauarbeiter, die der Maskenpflicht nicht nachkamen und ihre Bierflasche austrinken wollten, gesellten sich zu mir.

»Besteht hier Maskenpflicht?«, fragte mich einer von ihnen.

»Ja!«, antwortete ich.

»Du musst es ja wissen!«, sagte er. Doch statt der üblichen rassistischen Sprüche wie »Kung-Flu« oder »Du Virus!« fügte er hinzu: »Du trägst eine Brille. Du bist bestimmt ein Akademiker, der sich mit der Materie auskennt!« Damit hatte ich nun wirklich nicht gerechnet. Dieser Bauarbeiter gewann damit sofort meine Sympathie.

Meine Freundin Ulrike hat sich einen echten Brocken geangelt – einen waschechten Palästinenser namens Djamal, was übersetzt so viel bedeutet wie »der Schöne«. Djamal ist groß und stämmig. Seine Präsenz und sein grimmiger Blick können durchaus Angst einflößen. Aber er ist einer der nettesten und humorvollsten Menschen, die ich kenne. Ulrike ist dagegen eher von der zierlichen Sorte und zwei Köpfe kleiner. Beide sind überzeugte und leidenschaftliche Bahnfahrer. Djamal hat allerdings so seine Marotten. Zum Beispiel pikst er gerne mal aus kindlicher Freude seine Ulrike in die Seite. Bis Ulrike eines Tages der Geduldsfaden riss.

»Hör endlich auf!«, schrie sie ihn an, dass die Fensterscheiben wackelten. Das ganze Abteil drehte sich reflexartig um, und alle Augen waren auf Djamal gerichtet. Mit hochrotem Kopf bat er Ulrike, beim nächsten Halt auszusteigen. Ihm war die Sache ziemlich peinlich. »Schau mich an! Ich sehe aus wie der Anführer einer arabischen Terrorgruppe. Du kannst doch nicht einfach in der Bahn rausbrüllen, dass ich aufhören soll!«, erklärte er Ulrike, die verständnisvoll nickte. Sie sah ein, dass die Menschen nicht das Ehepaar in ihnen beiden sahen, sondern eine weiße Frau, die von einem arabischstämmigen Mann misshandelt wurde. Manchmal, da geht es eben weniger um das, was man tut, sondern darum, wie es aussieht.

Weil Ulrike sowieso die Queen der verrückten Pläne ist, hat sie sich eine ganz eigene Methode zurechtgelegt, um in öffentlichen Verkehrsmitteln die perfekten Sitznachbarn zu finden. Sie ist sehr wählerisch und setzt sich am liebsten zu ordentlich gekleideten Frauen oder Menschen, die ihre Lernunterlagen studieren. Ungepflegte Menschen, Betrunkene oder Männer kommen für sie nicht infrage. Früher setzte sie sich immer neben einen freien Platz, um allein zu sein. Doch dann merkte sie, dass sie so keine Kontrolle darüber hatte, wer sich neben sie setzte. Also drehte sie den Spieß um. Jetzt wartet sie ab, bis sich die anderen Fahrgäste einen Platz ausgesucht haben, und wählt dann ihren Sitznachbarn gezielt aus. Wenn keiner ihren hohen Anforderungen entspricht, bleibt sie einfach stehen. Das funktioniert selbstverständlich nur, wenn keine Schneeflocke in Berlin fällt und Chaos im öffentlichen Nahverkehr verursacht. Ulrikes System funktioniert auch nicht während der Stoßzeiten oder wenn zufällig gerade »Rave The Planet« oder »Christopher Street Day« in Berlin gefeiert werden.

Dann machen es die Verkehrsbetriebe nämlich besonders spannend für ihre Gäste, indem mehrere defekte Türen und damit mehrere Abteile geschlossen bleiben und die Fahrgäste sich in die wenigen funktionierenden Abteile reinzwängen müssen. Das ist wohl eine Art Konfrontationstraining für Klaustrophobiker, bei dem man den Atem des Nachbarn förmlich im Nacken spüren kann.

Bei einer Busfahrt ließ mal eine Sitznachbarin vor mir ihre langen Haare wie einen Vorhang über die Lehne fallen. Mein Tablet und mein Sandwich wurden von diesem haarigen Kunstwerk komplett verdeckt. Ich versuchte höflich, sie darauf aufmerksam zu machen, doch sie reagierte schnippisch: »Meine Haare müssen schön bleiben!«, und gab mir unmissverständlich zu verstehen, dass ich verschwinden solle. Angesichts der Tatsache, dass wir mindestens drei Stunden im Bus bis zum Ankunftsort unterwegs sein würden, war dies eine äußerst unzufriedenstellende Antwort. Im Kampf um Sitzplatzkomfort ist eben manchmal Kreativität gefragt. Zufällig hatte ich eine kleine Tüte mit Glitzerkonfetti dabei, das ich heimlich auf dem überhängenden Teil ihrer Haare verteilte. Für mich hatte sie jetzt die Haare schön. Schönheit liegt eben im Auge des Betrachters.

Während meiner aktiven Eishockeyzeit saßen links und rechts von mir in der Mannschaftskabine deutsche Teamkameraden. Die Kabine war in drei Fraktionen aufgeteilt. Es gab eine amerikanisch-kanadische, eine russisch-ukrainische und eine deutsche Fraktion. Als ich mit einer Knoblauchfahne in die Kabine kam, wurde ich von meinen deutschen Sitznachbarn verbannt. Die hielten sich die Nase zu und sagten: »Martin, ab zu den Kanadiern!« Die Kanadier empfingen mich wie immer mit offenen Armen. In ihrem Heimatland waren sie mit den Aromen multikultureller Küche vertraut. Sie waren regelrechte Knoblauchfans und liebten koreanischen Kimchi. In gewisser Weise spiegelte dies auch die Willkommenskultur ihres Landes wider. Bei den Kanadiern konnte ich mit meiner Knoblauchfahne punkten und war einfach ein Freund, während meine deutschen Teamkollegen eine eher symbolische Integrationspolitik verfolgten: Tat ich etwas Gutes, war ich der Deutsche; tat ich etwas Schlechtes wie den Verzehr von Knoblauch, wurde ich plötzlich zum »Ausländer« erklärt. Ich hätte nicht gedacht, dass Knoblauch mal zu einer wichtigen Integrationsfrage werden würde. In jedem Fall war es eine lehrreiche und amüsante Zeit, die mir gezeigt hat, dass eine Prise Knoblauch manchmal alles verändern kann – sogar in der Welt des Sports.

In einem Teamsport wie Eishockey ist der Nachbar nicht nur in der Kabine sehr wichtig, sondern auch im Bus, auf der Spielerbank und bei Auswärtsspielen im Hotel. Im Profibereich trifft oft der Trainer die Entscheidung, wer mit wem in ein Zimmer geht, um den Teamgeist zu fördern. Aber auch mit dem Ansinnen, dass jüngere Spieler von den erfahrenen Teamkameraden lernen, was es bedeutet, ein Profi zu sein. Als 17-Jähriger nahm ich an einem Trainingslager der Profimannschaft teil. Der Trainer entschied, dass ich für die Dauer des Trainingslagers mit dem französischen Nationalspieler Stéphane Barin in ein Zimmer gehen sollte. Stéphane war ein welterfahrener Eishockeyspieler, der bereits einige bedeutende internationale Turniere gespielt hatte. Als Neuling war ich stolz, das Zimmer mit ihm teilen zu dürfen – zumindest bis zur ersten Nacht. Ich fand heraus, dass Stéphane Nacktschläfer und Schlafwandler war.

Am frühen Morgen zur ersten Trainingseinheit schauten mich die Teamkollegen mit einem schadenfrohen Lächeln an. Ich hatte die ganze Nacht kein Auge zugetan und sah dementsprechend fertig aus. Das war mein härtestes Trainingslager aller Zeiten, mit bis zu drei Einheiten am Tag und einem nackt schlafwandelnden Zimmernachbarn. Wenn ich an diese Zeiten zurückdenke, muss ich an die Worte des griechischen Dichters Hesiod denken: »Ein schlechter Nachbar ist eine so große Plage, wie ein guter ein Segen ist.«

Loungen in der Großstadt

Wladimir Kaminer

In den zwei Jahren Pandemie haben wir deutlich vorgeführt bekommen, was den Menschen am meisten fehlt. Erstaunlich, aber wahr: Es sind andere Menschen, die uns glücklich machen, auch wenn wir einander permanent beschimpfen und für unzurechnungsfähig halten. Laut einem soziologischen Gleichnis halten neunzig Prozent aller Menschen neunzig Prozent aller Menschen für Idioten. Das geht rein rechnerisch nicht auf, ist aber unsere Realität. Wir brauchen die anderen, um eigene Vorurteile zu bestätigen, um uns selbst aufzuwerten, um einfach jemand zu sein, der anders als die anderen ist. Wir sind soziale Wesen. Deswegen feiern wir kollektive Feste wie Weihnachten und Karneval, die Jugend macht im Sommer ununterbrochen Partys an jedem Ufer und in jedem Park, deswegen sind alle Restaurants voll, obwohl man sich zu Hause in Ruhe und allein sicherlich besser bekochen könnte.

Für ihre Freizeit entwickeln die Menschen ständig gemeinschaftliche Räume, in denen sie sich in unmittelbarer

Nachbarschaft zu anderen, ihnen unbekannten Zeitgenossen aufhalten, ohne mit ihnen interagieren zu müssen. In jeder Großstadt Deutschlands gibt es solche dunklen Räume, in denen Menschen ohne Auftrag und ohne Ziel in Sesseln versinken. Ein unaufgeklärter Beobachter hätte schnell gesagt, sie würden einfach nur herumsitzen. In Wahrheit sitzen diese Menschen aber nicht einfach herum, sie loungen – eine zeitlose Angelegenheit, ein Spaß für Jung und Alt.

Die anderen Freizeitangebote in der Großstadt sind meistens auf knappe zwei Stunden angelegt. Man geht zum Beispiel ins Kino, zu irgendeinem »Jurassic Park X«, und macht es sich im Sessel gemütlich – die Jacke links, die Begleitperson rechts, eine Popcorntüte auf dem Schoß, eine Bierflasche in der Hand. Der erste Pterodaktylus-Schwarm überquert die Leinwand, man hört hinter ihm schon die Dinosaurier trampeln. Schön! Man will abschalten, für eine Weile den Alltag vergessen und sich zusammen mit anderen Kinobesuchern in ein Urvieh verwandeln. Genau wie dieses durch den Urwald hopsen, Handys und Fotoapparate verschlingen, neugierigen Wissenschaftlern und Touristen Angst einjagen. Doch diese Verwandlung gelingt niemals vollkommen. Kaum hat man das Bier ausgetrunken, schon ist der Film zu Ende. Alle müssen aus dem Kino raus – und wieder in ihr eigenes Leben rein. Man kann zwar danach noch essen gehen in ein Restaurant: zum Beispiel eine große Portion Nudeln beim Italiener bestellen oder sich in einen Irish Pub hocken. Doch auch solche Vergnügungen sind nie von Dauer. Von den Nudeln wird man schnell dick, müde und schläfrig, und wenn man zu nahe an einem Tresen sitzt, konsumiert man oft zu viele alkoholische Getränke. Dieser Spaß endet in der Regel mit einer Alkoholvergiftung. Entweder kriecht man nach zwei Stunden, von Gewissensbissen geplagt, nach Hause oder fällt einfach vom Hocker.

Für diejenigen, die in einem Lokal sitzen wollen, ohne dabei ständig essen zu müssen, oder in einer Cocktailbar, ohne sich dabei regelmäßig zu betrinken, wurde vor einigen Jahren in Kongresszentren, Hotels und Flughäfen ein spezieller Raum eingerichtet: die Lounge. Mit Ledersesseln, die zum Hinsetzen, aber keineswegs zum Aufstehen geeignet sind, mit kleinen Tischen, langhaarigen Teppichen und großen Fernsehern in der Ecke. Im Gegensatz zu den anderen Spielstätten des Zeitvertreibs hat das Loungen einen Anspruch auf Zeitlosigkeit. Wie ein öffentliches Wohnzimmer, in dem man sich ausruhen kann – das war ursprünglich die Philosophie dahinter, die sich schnell auf allen fünf Kontinenten ausbreitete.

Ich reise viel durch die Welt, in jedem neuen Land, einer neuen Stadt gehe ich als Erstes nach Loungeräumen suchen. Ihre Ausstattung ist international, man kann inzwischen den gleichen Lounge Chair und Flokatiteppich überall finden. Doch in jedem neuen Land wird die Tradition des Loungens mit einheimischen Sitten gemixt und oft von neuen Bevölkerungsgruppen in Anspruch genommen – was jedes Mal zu einer Bedeutungsverschiebung führt. In den Vereinigten Staaten, einem der ersten Länder der Welt, das dem Rauchen den Kampf erklärte, waren die Lounges eine Zeit lang zum letzten öffentlichen Zufluchtsort der Ketten- und vor allem der Zigarrenraucher geworden – zu einer Art Nikotintankstelle. Obwohl auch diese Raucheroasen immer wieder von außen attackiert wurden.

Am Flughafen von Baltimore wurde ich in der Lounge plötzlich von einem Kellner angesprochen. Dort durfte man nämlich in der Lounge nur dann rauchen, wenn man gleichzeitig etwas trank.

»Haben Sie schon etwas bestellt?«, summte der Kellner um die Raucher herum, die nur gierig an ihren Zigaretten ziehen wollten. »Sie müssen unbedingt etwas bestellen!«

»Ja? Ich weiß noch nicht, ich hab mich noch nicht entschieden«, murmelte ein Nikotinabhängiger und rollte mit den Augen. »Wissen Sie was, ich muss noch mal Ihre Getränkekarte studieren«, sagte er und stieß die nächste Rauchwolke aus.

In Amerika haben die wenigen übrig gebliebenen Raucher inzwischen gelernt, elektronisch ihre Sucht zu befriedigen oder gar eine Zigarette in drei Zügen zu erledigen.

»Ich glaube, ich nehme einfach ein Glas Leitungswasser, das soll ja gesund sein«, raspelte der Loungegast, drückte die Kippe im massiven Aschenbecher aus und zündete sich gleich eine neue an. In amerikanischen Lounges roch es nach Tabak, die Lounge Chairs konnte man dort als Nikotinpflaster benutzen.

In meiner Heimat Russland, einem autokratischen Land, darf man eigentlich überall rauchen, wenn man genug Geld für Zigaretten hat. Dort gilt das Loungen als ein wichtiger Bestandteil des elitären Lebensstils der Neureichen. Und obwohl sie neuerdings gegen alles Westliche schimpfen, ahmen sie den Westen in allen Dingen nach, vor allem was die Vorstellung von Luxus und Schick betrifft. In einem Moskauer Schiffsrestaurant mit dem merkwürdigen Namen »Lacky-Plasa-Lobbi-Bar« wurde in der Lounge, obwohl es total unbequem war, viel gegessen und noch mehr getrunken. Die Ausstattung war exotisch, aber den neurussischen Sitten angepasst: Überall krümmten sich Weinreben aus Plastik, standen Affen und Papageien aus Trevira, riesengroße bunte PVC-Zwerge mit Köfferchen in der Hand, Springbrunnen mit Goldfischen aus falschem Gold und falsche Palmen mit Bananen und Kokosnüssen dran. In einer speziellen Loungespeisekarte wurden allerhand Leckereien angeboten: für den kleinen Hunger zwischendurch beispielsweise ein 2,5 Kilo schwerer Fruchtkorb namens »Der Gartenkönig« oder ein 500 Gramm schweres antisemitisches Schweinesteak namens »Der israelische Flieger«, das von einer Seite verkohlt und von der anderen blutig gebraten war. Dazu viel Mais, Bratkartoffeln und Fruchtfliegen inklusive, die in großen Schwärmen die Lounge der »Lacky-Plasa-Lobbi-Bar« bevölkerten und die Reste der Gartenkönige für sich beanspruchten. Getrunken hat man in dieser Lounge hauptsächlich Wodka in niedlichen 10-Zentiliter-Gläsern. Auf einem großen Bildschirm lief ununterbrochen Putin – ohne Ton. Es roch stark nach faulem Obst. Die vorwiegend älteren Kunden amüsierten sich nach Kräften.

Die Lounge in Mumbai hat mich dagegen positiv überrascht, in der Nähe des Hauptbahnhofs Victoria Station, dort wurde weder getrunken noch gegessen, noch groß geraucht. Die Räume wurden hauptsächlich zum Abstellen von Kleintieren benutzt, sodass es manchmal auf ein Tierloungen hinauslief. Diese durften dort jedoch nicht frei herumlaufen, sondern mussten in ihren Käfigen oder Behältern bleiben. Allein für den Transport von Giftschlangen gab es drei verschiedene Verordnungen. In der Lounge von Mumbai roch es meistens frisch und nach Putzmitteln, da das Bahnhofsreinigungspersonal dort jede Stunde sauber machte.

Bei uns in Berlin kommt das Loungen besonders bei den Jüngeren gut an. Viele Diskotheken sind mit schweren, unförmigen Sesseln und Sofas ausgestattet. Nach einer Nacht wilden Tanzens haben die Jungs und Mädels oftmals keine Kraft mehr, nach Hause zu gehen, und liegen deswegen in den Discolounges herum. Diese Räume erfüllen eine wichtige Funktion, die früher den Toilettengängen und noch früher den Tanzflächen eigen war: Sie sind zum hauptsächlichen Kuschel- und Anmachplatz geworden. Hier werden neue zwischenmenschliche Beziehungen geknüpft und intime Instagram-Fotos ausgetauscht. In Berlin riechen die Lounge Chairs nach Schweiß und Parfüm und sind oft mit Schminke beschmiert.

Das Leben der anderen

Martin Hyun

Kürzlich wurden bei einer Pressekonferenz der Vereinten Nationen in Genf neun humanoide soziale Roboter über die Zukunft der künstlichen Intelligenz befragt. Auf die Frage, ob die Roboter eine Revolution gegen die Menschen starten würden, antworteten diese mit Nein. In einer Welt voller Roboter, Bots und Automaten ist kaum zu übersehen, wie wir täglich mit Maschinen kommunizieren. Unternehmen greifen vermehrt auf Chatbots zurück, um Kundenanfragen zu beantworten. In Kalifornien gibt es bereits fahrerlose Taxis, die einen zum Zielort bringen. Drehbuchautoren in Hollywood protestieren gegen den Einsatz künstlicher Intelligenz. In Seniorenheimen werden Roboterassistenten eingesetzt, die dem Pflegepersonal Aufgaben abnehmen.

In Tokio wurde ich am Flughafen mal von einem Serviceroboter mit großen schwarzen Augen begrüßt. In japanischen Restaurants habe ich Roboter getroffen, die so lächelten, als wäre ihr Grinsen von einem übermotivierten

Zahnarzt entworfen worden. Ein Restaurantbesitzer meinte dazu nur: »Der lächelt immer! Keine Systemabstürze, dafür volle Liebe!« Und ja, in Japan gibt es sogar einen Trend namens *Rubber Romance*, bei dem einsame Männer menschlichen Beziehungen den Rücken gekehrt und sich stattdessen lebensechte Silikonpuppen zugelegt haben. Diese technologische Verschmelzung hat jedoch ihre Schattenseiten – das echte Zwischenmenschliche droht verloren zu gehen. Die einst so normale Begegnung von Angesicht zu Angesicht im öffentlichen Raum könnte bald zu einem seltenen Ereignis werden, prophezeien Wissenschaftler. Irgendwann wird vielleicht ein smarter humanoider Roboter den perfekten Nachbarn von nebenan ersetzen. Aber das ist noch Zukunftsmusik.

Eine offene und direkte Kommunikationskultur ist neben Rücksichtnahme und Empathie unter Nachbarn immer noch eine der wichtigsten Zutaten für ein harmonisches Wohngefühl. In meiner Nachbarschaft wird sogar so ausgiebig über das WLAN kommuniziert, dass mich manchmal das Gefühl beschleicht, es existierten mehr Verbindungen als Menschen. Da gibt es den Nachbarn, der sein WLAN »Das Schweigen der WLANS« genannt hat. Oder »Emanuel 28 Jahre 25 cm«, der anscheinend auf der Suche nach Liebesbekanntschaften ist. Dann haben wir noch Nachbarn mit den WLAN-Namen »Wedding Disco Stick« oder »Bier gegen Passwort«. Und nicht zu vergessen das WLAN »Schleich di!«. Außerdem »This WLAN stands for Black Lives Matter«, das eine wichtige Botschaft vermittelt – sogar über den Äther. Doch nicht nur die virtuellen Nachbarschaftsgrüße sind wertvoll. Einige Cafés in Berlin zeigen Rückgrat und setzen ein Statement, indem sie Schilder anbringen, die stolz verkünden: »Hier kein WLAN! Redet miteinander!«;

oder es gibt auch das charmant-kritische »Stell dir vor, es ist 1860!«. Damit verweisen sie auf eine Zeit, in der Kaffee und Gespräche noch die wahren Ziele waren. Einladend und sympathisch, als würde eine geheime Tür zur Vergangenheit aufgestoßen.

Doch der rasante Technikfortschritt unserer Zeit hat auch Vorteile: Mittlerweile sind sogar Apps am Start, die einen wie Tinder, nur für Nachbarn, mit Leuten aus der Nachbarschaft matchen. So zum Beispiel der digitale Nachbarschaftshelfer www.nebenan.de, der mit »kennenlernen, helfen, verschenken, verkaufen, teilen« wirbt.

Erst kürzlich las ich etwas über einen Nachbarschaftsstreit in Düsseldorf. Es ging um ein überdimensionales Holzkreuz. Auf der einen Seite stand eine gläubige Anwohnerin, die das Kreuz aus religiösen Gründen in ihrem Garten errichtet hatte. Auf der anderen Seite fand sich eine Nachbarin, die das Kreuz als »rechtswidrige Eigentumsbeeinträchtigung« empfand. Der Fall landete vor dem Düsseldorfer Landgericht. Die gläubige Anwohnerin und ihr Anwalt verwiesen darauf, dass die Höhe des Kreuzes, genau 7,36 Meter, eine symbolische Bedeutung habe. Diese Zahl stehe in direkter Verbindung zum 736 Meter hohen Berg Golgatha, auf dem Jesus einst gekreuzigt wurde. Doch die Richter hatten keine Zeit für göttliche Zahlenakrobatik. Sie fällten ihr Urteil: Das Kreuz musste weichen. Jesus hätte sicherlich gerne eine außergerichtliche Einigung gesehen.

In Deutschland spielen sich an den Gerichtshöfen zunehmend regelrechte Nachbarschaftsklage-Olympiaden ab. Die Richter und Richterinnen werden zu wahren Kampfrichtern, die sich mit »überhängenden Zäunen«,

Lärm- und Ruhestörung sowie Baugenehmigungen herumschlagen müssen. Die Verhandlungssäle sind voll von Dramen, Intrigen und taktischen Manövern, während die Nachbarn, mit Maßbändern und Schallpegelmessern bewaffnet, in den Ring steigen.

Amir, mein Freund aus Stuttgart, ist ein absoluter Basketballfan. Er vergöttert Kobe Bryant, den legendären Basketballspieler, der vor wenigen Jahren bei einem Hubschrauberunglück ums Leben kam. In seiner Trauerrede erzählte Shaquille O'Neal, ein ehemaliger Teamkollege von Kobe, eine witzige Geschichte: Kobes Mitspieler trauten sich nicht, ihn direkt darauf anzusprechen, dass er auch ihnen den Ball zuspielen sollte. Dafür beauftragten sie Shaquille O'Neal, der beschloss, sich der Sache anzunehmen. Er ging zu Kobe und sagte: »Hey, Kobe! Es gibt kein ›I‹ in ›Team‹!« Kobe, wie immer schlagfertig, erwiderte mit einem Augenzwinkern: »Aber es gibt ein ›ME‹ in ›Team‹!« Diese Wortspielerei beschäftigte mich für eine Weile. So fand ich zum Beispiel heraus, dass in dem Wort »Nachbarschaft« das Wort »Arsch« steckt.

Mit Amir tauschte ich mich über Erfahrungen im Umgang mit Nachbarn aus. Ich erzählte ihm von den verschiedenen Typen, die in jedem Mehrfamilienhaus zu finden sind, und wollte von ihm wissen, wie er mit solchen Nachbarn umgehen würde. Seine Antwort: »Du musst Humor einsetzen, mein Freund! Ein bisschen Witz und Schlagfertigkeit können Wunder bewirken.«

»Wie meinst du das?«, fragte ich neugierig.

»Stell dir vor, du hast die laut stöhnenden Karnickelnachbarn«, begann Amir mit einem Schmunzeln. »Dann kommentiere ihre Performance wie ein Fußballspiel über deine Soundanlage und sorge dafür, dass das ganze Viertel es hören kann. Das wird ihnen sicher die Lust am Gestöhne nehmen!«

»Aber was ist mit der Party-WG?«, fragte ich weiter.

»Oh, die Party-WG!«, lachte Amir. »Da musst du einfach an die Tür klopfen und fragen, ob du mitfeiern kannst. Zeig ihnen, dass du genauso wild drauf bist wie sie. Vielleicht nehmen sie dich in ihrer Runde auf, und du kommst so auf die besten Partys der Stadt, und das auch noch gratis!«

»Und was ist mit dem Messienachbarn?«, fragte ich gespannt.

»Als Kammerjäger verkleiden und erzählen, dass du im Auftrag der Hausverwaltung die Schädlinge in seiner Wohnung bekämpfen musst.«

»Und der DJ-Nachbar? Was würdest du bei dem machen?«

»Beim DJ hilft nur eins: Werde sein größter Fan!«, erklärte Amir. »Entwirf ein Poster mit seinem Bild und hänge es an deine Tür. Vergöttere ihn! Geh ihm auf die Nerven! Jedes Mal, wenn er anfängt, seine Anlage aufzudrehen, stellst du dich vor seine Tür und singst laut und völlig schräg mit.«

»Und was ist mit dem Geisternachbarn?«

»Beim Geisternachbarn ist alles in Ordnung, da brauchst du nichts zu machen«, antwortete Amir schmunzelnd.

In Saudi-Arabien wurde eigens eine App entwickelt, mit der man seine Nachbarn oder andere Menschen, die angeblich verdächtig sind, ganz einfach ans Regime verpetzen kann. Wenn der Nachbar etwas Regimekritisches erzählt oder jemandem dessen Nase nicht gefällt, können die Bürger Saudi-Arabiens die Verdächtigungen in die App eingeben und den Nachbarn an die Behörden ausliefern. Mit so einer App würde man in Deutschland vermutlich das ganze Justizsystem und die gesamte Internetinfrastruktur lahmlegen. In einer Welt, in der Apps die Denunziation erleichtern, ist es vielleicht doch besser, Amirs Rat zu befolgen und auf Humor zu setzen.

Es ist wichtig, seine Nachbarn in einem gesunden Maß zu kennen – aber nicht so sehr, wie es manche Beamten der Berliner Polizei getrieben haben und womöglich immer noch treiben. Sie interessierten sich ganz besonders für das Leben der anderen. Aus einem Bericht der Berliner Landesbeauftragten für Datenschutz ging hervor, dass einige Polizisten und Polizistinnen ihre detektivischen Fähigkeiten lieber für persönliche Schnüffeleien als für den Dienst nutzten und dienstliche Informationen und Schnellauskünfte missbräuchlich für private Zwecke, um Nachbarn, Freunde, Zeugen oder Ex-Geliebte auszuspionieren. Einige Polizisten gingen sogar so weit, von attraktiven Zeuginnen die private Mobilnummer ausfindig zu machen, um nach der Befragung um ein Date zu bitten.

Als ich noch in Friedrichshain lebte, kam ein Nachbar auf die Idee, sich den anderen mit musikalischen Livedarbietungen vorzustellen. Gekleidet in einen Bademantel und mit einem Fitnessstepper als Bühne, schmetterte er etwa Puccinis Klassiker »Nessun dorma« wie ein wahrer Opernstar von seinem Balkon. Er hatte vermutlich genug davon, dass die Leute sich gegenseitig kaum kannten, von der Anonymität der Großstadt und von Geisternachbarn, die sich nur in ihren vier Wänden verkrochen. Er war fest entschlossen, mit der Magie der Musik etwas dagegen zu tun und die Nachbarschaft wieder zusammenzubringen.

Es dauerte nicht lange, bis jemand das Ganze auf die nächste Stufe hob und das Projekt »Singende Balkone« ins Leben rief. Die Begeisterung war groß, und bald gesellten sich überall in der Stadt singende Nachbarn auf ihren Balkonen hinzu. Die Straßen wurden zum Konzertsaal, und die Menschen genossen die musikalischen Klänge und die unerwartete Gemeinschaft. Doch leider hielt das Glück nicht lange an. Das Ordnungsamt, das offenbar keinen Sinn für musikalische Darbietungen und für Gemeinschaft hatte, beschloss, dass weitere Balkonkonzerte untersagt wurden. Es war ein herber Schlag für die singenden Nachbarn und ihre kreative Initiative. Die Musik verstummte, und die Balkone wurden wieder zu gewöhnlichen Plätzen.

In Dortmund verfolgte der Oberbürgermeister zuletzt eine ambitionierte Vision. Er verkündete voller Eifer, dass er aus der Stadt eine »Großstadt der Nachbarn« machen wolle. Die Stadt solle nicht nur für ihren Fußballklub Borussia Dortmund, ihre Brauereien und ihre reiche Industriegeschichte international bekannt sein, sondern auch für ihre zwischenmenschliche Nähe. Nicht nur in Dortmund wird der »Tag der Nachbarschaft« gefeiert – außer in der Nazistraße im Stadtteil Dorstfeld natürlich. Der Slogan des Nachbarschaftstages liest sich wie ein Eintrag ins Poesiealbum für den Weltfrieden: »Dortmund ist die Großstadt der Nachbarn. Unsere Stadt steht für Solidarität, Gemeinschaft und einen starken Zusammenhalt. Ein Zuhause, in dem wir uns kennen, vertrauen, helfen und unterstützen. Hier leben wir nicht nur nebeneinander, sondern gemeinsam, Seite an Seite. Als Nachbar*innen. Wie wichtig dieser solidarische und friedliche Zusammenhalt für uns alle ist, zeigt sich täglich vor unserer Tür, in unserem Viertel sowie bei unseren Nachbar*innen jenseits der Stadt- und der Landesgrenzen.«

Der »Tag der Nachbarschaft«, inspiriert von der Stadt der Liebe, Paris, hat seinen Weg auch in unseren Wedding gefunden. Zusammen mit Dani besuchte ich den Nettelbeckplatz, wo das Fest stattfand. Jeder brachte Essen und Getränke mit – ein bunter Mix kulinarischer Köstlichkeiten aus aller Welt. Es fühlte sich an wie eine Zeitreise zurück in meine Grundschuljahre, als bei Schulfesten die Eltern mit ihren köstlichen Speisen aus verschiedenen Kulturkreisen aufwarteten. Meine Klasse war damals bereits multikulturell. Solche Feste, die das Gemeinschaftsgefühl stärken, kann ich nur jedem empfehlen – auch der Polizei. Selbst die hat hier eine Chance, ihre Nachbarn auf natürliche Weise kennenzulernen, ohne illegal ermitteln zu müssen.

Vietnamesische Post

Wladimir Kaminer

Einmal hat mich das Schicksal nach Kassel zu einem seltenen Event verschlagen, dort fand die Kunstausstellung »documenta« statt, laut eigener Bezeichnung die »größte europäische Ausstellung zeitgenössischer Kunst«. Einmal in fünf Jahren entfaltet diese zeitgenössische Kunst eine ungeheuerliche kreative Kraft, um die Stadt Kassel in etwas ganz anderes zu verwandeln – bis jetzt ohne großen Erfolg. Die Kasseler haben gelernt, neben der zeitgenössischen Kunst zu leben, sie freuen sich, wenn sie kommt, und weinen nicht, wenn sie geht. Es gibt auch ohne Kunst viel Sehenswertes in Kassel: die Ausstellung »Aufstieg des Bürgertums in Hessen« im Heimatmuseum mit viel Porzellan und altem Geschirr oder »Jungkartoffeln mit grüner Soße«, eine hiesige kulinarische Spezialität, von der es tausend Rezepte gibt.

Die ganze Zeit habe ich in Kassel nach einem schattigen Plätzchen gesucht und fand keines. Ganz Deutschland ächzte unter den Folgen des Klimawandels, eine Hitzewelle jagte die nächste. Das Eis schmolz noch in der Hand des Verkäufers. In der Schlange zum Eiskiosk sagte eine Besucherin laut zu ihrem Begleiter, sie vermisse bei dieser Ausstellung die schönen Dinge. Ich wunderte mich über solche Erwartungen. Die Ausstellung war spannend, abenteuerlich, sozialkritisch. Schön war sie nicht. Denn die zeitgenössische Kunst möchte auf gar keinen Fall schön sein, die Künstler wissen längst, dass sie viel mehr Aufmerksamkeit bekommen, wenn sie hässliche, verstellte Dinge zeigen.

In Kassel waren mehr als tausend Künstler unterwegs. Die eingeladenen Künstlerkollektive bauten diese mittelgroße deutsche Kleinstadt in ein sozialkritisches »Projekt« um. Die Künstler aus Ruanda machten auf die Probleme der Altkleiderimporte nach Afrika aufmerksam: Getarnt als »humanitäre Hilfe« und »wirtschaftliche Stütze«, wird der Kontinent mit unbrauchbarem Schrott zugemüllt. Um das zu zeigen, stellten die Künstler aus Ruanda einige Container mit hässlichen Secondhandklamotten aus. Die Künstler aus Australien zeigten, wie die Geflüchteten dort auf einer einsamen Insel gefoltert werden, die Künstler aus Indien demonstrierten gegen die Ausgrenzung, indem sie Partys veranstalteten, zu denen alten weißen Männern der Eintritt verweigert wurde, damit die Kasseler persönlich erfahren konnten, was Ausgrenzung bedeutet.

Die Sonne machte währenddessen ihre eigene Ökoperfomance, sie knallte gnadenlos. Richtig schön und schattig war nur der vietnamesische Garten. Einmal dort gelandet, wollte ich nicht mehr weg. Ein vietnamesisches Künstlerkollektiv hatte im Hinterhof eines Klubs einen Garten angelegt, der mich an den sehr grünen Balkon meiner vietnamesischen Nachbarn in Berlin erinnerte. Aus dem

Begleitzettel zum Projekt erfuhr ich, dass jede vietnamesische Familie als Erstes einen Garten anlegt. Sehr viele Menschen haben im letzten Jahrhundert Vietnam verlassen und sich über die ganze Welt zerstreut, aber egal wo sie wohnen, in Deutschland, Amerika, Kanada oder Polen, als Erstes legen sie einen Garten an, sei es nun auf einem Hof oder nur auf der Fensterbank ihrer Wohnung. In einem solchen Garten soll es möglichst drei Sorten Pflanzen geben: Heilpflanzen, die einem medizinischen Zweck dienen, Kräuter, die zur Essenszubereitung benutzt werden, und schöne Pflanzen zum Erholen und Meditieren. In Kassel hatten die Künstler von allen drei Arten genug vor Ort, nachdem sie vietnamesische Familien aus ganz Deutschland dazu aufgerufen hatten, ihre Pflanzen nach Kassel zu bringen. Und sollten dann der einen oder anderen Familie irgendwelche Pflanzen gefehlt haben, so konnte sie in Kassel Samen dafür bekommen.

Mich hat diese Solidarität neidisch gemacht, ich hätte auch gerne vietnamesische Samen bekommen, war aber als alter weißer Mann vom Tauschprozess ausgeschlossen. Dennoch hatte ich den Eindruck, im vietnamesischen Garten willkommen zu sein. Ich fühlte mich gar an meine eigene Vergangenheit erinnert. Während der dreißig Jahre in Berlin waren wir sechsmal umgezogen, bis wir eine Wohnung gekauft hatten. Und in jedem Mietshaus hatten wir vietnamesische Nachbarn. Jetzt, da wir, von den ständigen Umzügen müde, eine eigene Wohnung mit im Chor singenden deutschen Nachbarn haben, denke ich oft an die alten Hausgemeinschaften zurück. Die Vietnamesen waren sehr familienorientiert. Sie besaßen meistens Familienbetriebe: Obst- und Gemüseverkaufsstände, Blumenläden, Nagelstudios oder Restaurants. Alle arbeiteten zusammen, die Kinder halfen ihren Eltern, was für die Eltern günstig war, so mussten sie keine Fremdarbeiter bezahlen. Damals wusste man noch, warum es sich lohnt, viele Kinder zu haben.

Anfang der Neunzigerjahre hatten unsere vietnamesischen Nachbarn auf der Schönhauser Allee zunächst noch abenteuerliche Geschäfte gemacht, beispielsweise verkauften sie unter der U-Bahn-Brücke neben einer Baustelle unverzollte Zigaretten. Die Arbeitsaufteilung war praktisch, die Männer waren für die Kundenakquise zuständig, die Frauen für das Zigarettenversteck, denn sie wollten die Ware weder zu Hause noch in den Händen haben, so habe ich das damals verstanden. Von meinem Balkon aus konnte ich sehen, wie das Geschäft funktionierte. Auf der nahe gelegenen stillgelegten Baustelle hatten sie ein Versteck für ihre Zigaretten ausfindig gemacht. Wenn Kundschaft kam, konnte sie schnell bedient werden, wenn die Polizei auftauchte, hatte sie nichts in der Hand. Einmal jedoch passierte etwas Unvorhergesehenes, die stillgelegte Baustelle erwachte zum Leben, ein paar Bauarbeiter kamen, bewegten ein paar herumliegende Betonblöcke hin und her und verschwanden wieder. Danach konnten die Vietnamesen ihre gut versteckten Zigaretten nicht mehr wiederfinden.

Am Wochenende ging die ganze Familie mit Harken und Schaufeln auf die Baustelle und grub alles um. Frauen und Männer, Alte und Kinder, alle machten mit. Ich glaube, sie haben sogar mit der Verwandtschaft telefoniert, entfernt wohnende Onkel und Tanten um Hilfe gebeten, alle waren erschienen, sie stellten die ganze Baustelle auf den Kopf. Zum ersten Mal sah ich, was Zusammenhalt in der Familie bedeutet. Nichts hätte ich lieber getan, als runterzugehen und der Familie bei ihrer Zigarettensuche zu helfen. Ich habe mich aber nicht getraut, ich war ja nur der Nachbar und hatte in ihren Familienangelegenheiten nichts zu suchen. Ich kaufte bei ihnen Zigaretten, wir grüßten uns herzlich, wenn wir uns im Treppenhaus begegneten, was aber selten passierte. Sie waren arbeitsame Menschen, Frühaufsteher, die auch früh ins Bett gingen. Wenn sie aber etwas feierten, was selten geschah, stand das ganze Haus kopf. Meistens waren es Familienfeste, die Tür war immer offen, unzählige Verwandte gingen ein und aus, das große Kochen ging schon am frühen Morgen los. Noch Tage danach roch es im Treppenhaus exotisch, irgendwie undeutsch, nach einem nassen Hund und Ananas. Auch bei deutschen Feierlichkeiten schlugen die Vietnamesen manchmal über die Stränge. Ich weiß noch, wie sie einmal an unserem Silvesterfeuerwerk teilnahmen, einen Sack voller Knaller an den Baum vor unserem Haus banden und in Deckung gingen. Der Baum hatte sich nach der Explosion in einen Busch verwandelt.

Wir haben einander gemocht, unsere Kinder gingen in den gleichen Kindergarten und später in die gleiche Schule. Mein Sohn hat zu Hause immer wieder erzählt, wie einige seiner vietnamesischen Freunde mit ihren Eltern nicht klarkamen. Verständlich, denn ihre Eltern waren hammerstrenge Erzieher, nach der Tradition ihrer Vorfahren forderten sie von den Kindern absoluten Gehorsam. Ihre Kinder waren jedoch im liberalen Deutschland aufgewachsen, wo das Wohl des Individuums im Mittelpunkt steht, seine Persönlichkeitsentfaltung absolute Priorität hat und nicht das Wohl des Familienältesten, des Gottes oder des Volkes, von den ganzen Tanten und Enkeln zu schweigen.

Wer ist stärker, die Familie oder die Gesellschaft? Wer gewinnt, wenn ein Elefant über einen Wal stolpert? Bricht er sich das Bein, oder macht er den Wal platt? Nichts von beidem, denn sie treffen nie aufeinander. Das wäre eine absurde Gegenüberstellung. Auch die Familie und die Gesellschaft trafen sich nie. Die Kinder wuchsen in dieser zwiespältigen Welt auf, sie mussten ihren Eltern gehorchen und alles tun, was ihnen gesagt wurde, durften nur die besten Noten von der Schule mitbringen, mussten sich benehmen, Hausaufgaben machen, aber auch in der Küche helfen, die Familiensolidarität bewahren. Gleichzeitig sollten sie bessere Deutsche als die Deutschen sein, also ihren Egoismus pflegen.

Für viele war das ein unmöglicher Spagat. Ich erinnere mich an den Fall eines Jungen aus der Klasse meines Sohnes, sein Vater kam immer im Anzug und mit Krawatte zur Elternversammlung in die Schule und verbeugte sich vor dem Klassenlehrer Herr Puschmann, während die deutschen Eltern alle leger in Sandalen und kurzen Hosen dasaßen und Herrn Puschmann freche Fragen stellten. Der Sohn des vietnamesischen Anzugvaters war eine Seele von Mensch, aber etwas verpeilt und leichtsinnig, wie die meisten Jungs in der Pubertät. Der Vater entschuldigte sich jedes Mal auf der Elternversammlung für seinen Sohn, so etwas hatte ich bis dahin noch nie gehört. Es war dem Vater peinlich, dass sein Sohn nicht Klassenbester war.

Ein paarmal habe ich auf dem Schulhof mit dem Vater geraucht, er bevorzugte Gauloises ohne Filter, die er bis auf den letzten Krümel aufrauchte, während er sich beinahe die Finger verbrannte. In meinen Augen war das ein Zeichen von Nervosität. Ich habe versucht, ihn von der Idee abzubringen, sich für seinen Sohn zu entschuldigen, vergeblich. Der Vater war offensichtlich ein Streber und wollte, dass sein Sohn ihn übertrifft. Der Sohn wollte ihn aber nicht übertreffen, er war mehr auf Chillen aus. Einmal fragte ich meinen Sohn, was der Vater seines Freundes beruflich mache. In meiner Vorstellung musste er ein Wirtschaftsanwalt oder Chef einer großen Firma sein, auf jeden Fall kein Gemüseverkäufer. In der Tat hatte der Vater einen ziemlich wichtigen Beruf, er betrieb eine sogenannte vietnamesische Post. Diese Post ermöglichte den Menschen einen schnellen Transfer von Geld und Gütern zwischen Deutschland und Vietnam. Der Vater kannte die Wege, die Mitfahrgelegenheiten und konnte die Postsendungen schnell und unkompliziert zustellen lassen oder Geld annehmen, das noch am gleichen Tag von seinem Onkel in Vietnam an die Empfänger ausgezahlt wurde. Ich glaube, alle Communitys in Deutschland haben eine solche Post, sie versuchen, eigene Strukturen aufzubauen. Die Russen haben ihre eigenen Buch- und Lebensmittelgeschäfte, in denen nur russische Bücher und Waren des täglichen Bedarfs verkauft werden, und Konzertagenturen, die nur russische Interpreten auf Tournee schicken, ohne Übersetzungsmöglichkeit wohlbemerkt. Es war also naheliegend, dass die Vietnamesen auch alles selbst haben wollten, sie haben sogar wie die Türken eigene Friseure, weil die einheimischen Friseure nicht mit ihren Haaren fertigwerden.

Der Vater des Jungen arbeitete also bei der Post. Was verschicken die Vietnamesen, überlegte ich, wahrscheinlich in erster Linie Samen für die Pflanzen, die sie zum Leben brauchen: Heilpflanzen für die Gesundheit, Kräuter für die Speisen und die schönen Pflanzen zum Meditieren und Entspannen. Eines Tages kam der Vater im Anzug nicht zur Elternversammlung, es hieß, er habe Probleme in seinem Job. Die Kids wollten mir nichts erzählen, aus Angst, ich würde irgendetwas Falsches über die Leute schreiben, obwohl ich noch nie etwas Schlechtes über andere Menschen geschrieben habe, sie sind manchmal übervorsichtig. Lange hat es gedauert, bis ich auf Umwegen, von meinen anderen vietnamesischen Nachbarn, erfahren habe, was los war. Ein hochrangiger Funktionär der Kommunistischen Partei Vietnams und zugleich ein wichtiger Geschäftsmann, der in Deutschland in diplomatischer Mission unterwegs gewesen war, hatte in Berlin Asyl beantragt. Er wollte nicht nach Hanoi zurück, weil er angeblich der halben Partei Geld schuldete. Einige Zeit später war er jedoch aus Berlin verschwunden und tauchte in Hanoi wieder auf, wo die Parteikollegen sehnsüchtig auf ihn gewartet hatten. Die deutsche Bundespolizei war verwirrt. Wie konnte diese wundersame Reise geschehen, wo doch der Mann das Land nicht legal verlassen hatte?

Eine Teleportation kam nicht infrage. Die Bundespolizei nahm Ermittlungen auf. Diese ergaben, dass der Parteifunktionär wahrscheinlich auf dem Postweg in die Heimat verschickt worden war, mithilfe der vietnamesischen Post und ohne seine Einwilligung. Dem Anzugträger fiel es sicher nicht leicht, diese Situation den deutschen Ermittlern zu erklären, noch schwieriger stellte ich mir das Gespräch mit seinem Sohn vor. Die ganze Zeit hatte der Vater so getan, als wäre er der tugendhafteste Mensch auf Erden, der für seinen Sohn nur das Beste will und ihn vor allem Bösen schützt. Plötzlich musste der Sohn jedoch feststellen, auch auf der Sonne gibt es Flecken, die Tugend war nur vorgetäuscht. Bestimmt hat der Vater sich vor dem Gespräch eine Gauloises ohne Filter angezündet und einen tiefen Zug genommen.

»Mein lieber Sohn«, sagte der Vater, »mir wäre es lieber, du hättest nichts erfahren, aber manchmal läuft eben nicht alles im Leben nach Plan. Wir, deine Mutter und ich, deine Onkel und Tanten, geben uns alle Mühe und wollen für die Familie und für dich nur das Beste. Wir leben in Deutschland, und du weißt, Deutschland ist mein Lieblingsland. Doch im Leben jedes Einzelnen kommt es manchmal zu Interessenkonflikten, bei denen das Wohl deiner Freunde und deiner Heimat nicht mit den Gesetzen deines Lieblingslandes übereinstimmt. Du weißt, wir haben viele Onkel und Tanten in Hanoi. Manchmal ist das Gute böse und das Böse gut. Du wirst es noch lernen, mein Sohn«, sagte der Vater, bevor er sich die Finger an seinem Zigarettchen verbrannte.

Nachbarn aus der Hölle

Martin Hyun

Es ist immer wieder erstaunlich, wie vielfältig das Mosaik der Nachbarschaften sein kann. Mein Freund Amir hat mir schon so viel über seine Nachbarn erzählt, dass ich das Gefühl habe, sie persönlich zu kennen. Einmal behauptete er, dass in seiner Nachbarschaft Agenten von der amerikanischen NSA und dem britischen MI6 lebten. Getarnt als Angestellte eines in Deutschland ansässigen amerikanischen Reisebüros. Die MI6-Nachbarin ist offiziell eine Mental-Health-Spezialistin.

»Wie kommst du darauf, dass diese Leute Agenten sind?«, fragte ich Amir.

»Rotation, mein Freund! Rotation! Alle drei bis vier Jahre ziehen in der Wohnung, in der die Agentinnen und Agenten leben, immer Leute aus den USA oder Großbritannien ein. Das ist verdächtig!«, antwortete er. »Und außerdem ist es die perfekte Tarnung, in einer Gegend in Stuttgart zu wohnen, wo keiner vermuten würde, dass sich dort Geheimagenten tummeln.« Natürlich konnte ich ihm nicht abnehmen, dass in seiner Nachbarschaft Geheimagenten ihr Unwesen trieben.

Neben den Geheimagenten gibt es noch Herrn Sommer, den inoffiziellen Blockwart in Amirs Nachbarschaft. Er ist von schmaler Statur, hat eine Glatze und einen spitz zulaufenden Schnurrbart. Sein Gesicht zeugt von jahrelanger Sorgenfaltenbildung. Herr Sommer ist ein echter Berliner, der aus seinem Dialekt keinen Hehl macht, obwohl er seit vielen Jahren in Stuttgart lebt. Er ist ein äußerst wortkarger Mensch und spricht nur das Nötigste. Wenn Amir ihm einen schönen Tag wünscht, kommt als Antwort nur »Ooch!« zurück. Herr Sommer hat sich in der Nachbarschaft den Ruf des Blockwarts erworben. Er achtet penibel darauf, dass die Hausordnung eingehalten wird.

In Amirs Nachbarschaft gibt es außerdem die polnischstämmige Familie Kowalczyk, die bereits seit über vier Jahrzehnten in der Wohngegend lebt. Die Kowalczyks sind ein liebenswertes älteres Ehepaar, das mit seiner lebhaften Art und den köstlichen oberschlesischen Gerichten in Amirs Umfeld für viel Genuss sorgt und immer für einen Schwatz zu haben ist. Ein lesbisches Ehepaar aus Oberfranken, Lena und ihre Partnerin, veranstaltet regelmäßig in seiner Wohnung kleine Kunstausstellungen für die Nachbarschaft. Lena lädt Amir auch oft in ihre Galerie ein, um ihm ihre neuesten kreativen Projekte zu zeigen, und Amir hilft ihr gelegentlich bei der Organisation von kulturellen Veranstaltungen.

Dirk ist eine etwas skurrile Figur unter Amirs Nachbarn. Er ist Bassist, ein Technikenthusiast, Kunstliebhaber und leidenschaftlicher Reisender. Dirk stammt aus Holland und hat einen markanten Lockenschopf, der sich wild um seinen Kopf kräuselt. Er strotzt immer vor Energie und steckt voller Ideen, die er gerne mit anderen teilt. So hat er auch erfolgreich die Nachbarschaft dazu bewegt, kleine Brachflächen zu begrünen. Gezielt wurden ungepflegte Areale mit Blumen bepflanzt, ohne die erforderlichen Genehmigungen dafür einzuholen. Mit diesen Guerillaaktionen will er seinen Beitrag dazu leisten, das Stadtbild zu verschönern und ökologische Vielfalt zu fördern.

Und so wie in meiner Nachbarschaft hat Amir auch den DJ, den Kiffer, die Geisternachbarn, die Party-WG, den Messie, die notorischen Onlinepaketbesteller und die Karnickel. Amir lebt seit fast zwei Jahrzehnten in dem Viertel und gehört damit zu den Alteingesessenen unter den Nachbarinnen und Nachbarn.

»Kennst du eigentlich die häufigsten Streitpunkte unter Nachbarn?«, fragte mich Amir mal bei einer unserer Begegnungen. Bevor ich antworten konnte, zählte er mir wie ein Experte die Gründe auf: »Lärmbelästigung, die berühmte Pflanze über dem Gartenzaun, zugestelltes Treppenhaus, Uneinigkeiten über die korrekte Müllentsorgung, Hundegebell und natürlich falsch geparkte Autos!«

»Weißt du eigentlich, in welchem Bundesland im Jahr 2021 die glücklichsten Deutschen lebten?«, fragte ich Amir unvermittelt.

»Nein, wo denn?«

»Schleswig-Holstein. Der Fairness halber muss ich aber auch Sachsen-Anhalt erwähnen, das sich die Spitzenposition mit Schleswig-Holstein teilt.«

Amir schüttelte den Kopf und blickte mich skeptisch an. »Niemals! Schleswig-Holstein hat doch nichts zu bieten, was die Menschen glücklich machen könnte: gutes Wetter, gute Gehälter oder Aussichten auf gute Karriereperspektiven …«, rief er aus.

»Da magst du recht haben, mein Lieber. Aber Glück wird in Schleswig-Holstein vielleicht anders definiert als bei uns. Ich schätze, es sind die nordische Gelassenheit, Sankt Peter-Ording mit seinen windverwehten Strandkörben, die herrliche Nordsee, die erfrischende Ostsee und die Inseln Helgoland und Sylt, die die Menschen dort so unfassbar glücklich machen«, sagte ich und fügte noch hinzu: »Was die Lebenszufriedenheit anbelangt, belegt Stuttgart Platz 7 im Großstädteranking von 2023. Hamburg ist Tabellenführer, gefolgt von Frankfurt, München, Berlin und Hannover. Auf dem Global Liveability Index von 2023 – einem internationalen Ranking für die lebenswerteste Stadt der Welt – hat es keine deutsche Stadt in die Top Ten geschafft!«

»Mensch, vielleicht sollte ich doch nach Schleswig-Holstein ziehen!«, scherzte Amir.

Kürzlich wurden jedoch im Landtag von Schleswig-Holstein neue Regeln im Nachbarschaftsrecht beschlossen. Jetzt hat ein Nachbar vier Jahre Zeit, um gegen eine über 1,20 Meter hohe Hecke oder einen Baum auf der Grundstücksgrenze zu klagen. Das ist doppelt so lange wie zuvor. Mal sehen, ob Schleswig-Holstein den Titel als glücklichstes Bundesland mit solchen Regelungen erfolgreich verteidigen kann.

In Amirs Nachbarschaft in Stuttgart schien also das harmonische Miteinander die Norm zu sein. Doch eines Tages rief er mich an und berichtete aufgeregt von den neuen Nachbarn, die in eine 1,5-Zimmer-Wohnung eingezogen waren. Ein deutsch-tunesisches Paar mit insgesamt fünf Kindern. Drei der Kinder waren schulpflichtig. Schon die ersten Tage mit der neuen Familie verhießen nichts Gutes. Die Kinder schrien permanent, trommelten stundenlang wie bei einem Rockkonzert auf Kochtöpfe und tobten sich am Müllplatz im Innenhof aus. Der Hund bellte stundenlang. Müll und Essensreste wurden fröhlich aus dem Fenster geworfen. Mit ihren Tretrollern fuhren die Kleinen im Innenhof rauf und runter, die Vibrationen waren bis in das oberste Stockwerk zu spüren. Doch das war noch nicht alles. Nach Mitternacht wurde es dann so richtig turbulent. Das Paar fing an, sich heftig und lautstark zu streiten, sodass kaum einer ein Auge zumachen konnte. In den frühen Morgenstunden fing die Frau dann auch noch an, bei offenem Fenster die Wohnung zu saugen und Wäsche zu machen.

»Es ist schrecklich, mein Freund!«, seufzte Amir. »Die Kinder sind wie kleine Wirbelwinde, die den Müllplatz als ihren persönlichen Abenteuerspielplatz betrachten. Dementsprechend sieht er auch aus. Außerdem urinieren und verrichten sie ihren Stuhlgang im Hof!«

»Habt ihr etwas dagegen unternommen?«, fragte ich ihn.

»Na ja, wir wollten nicht gleich mit der Tür ins Haus fallen. Schließlich haben sie so etwas wie einen Eingewöhnungsschutz. Aber wenn wir weiterhin solche anstrengenden Nächte erleben und der Müllplatz zum Disneyland umfunktioniert wird, dann werden wir definitiv das Gespräch suchen müssen«, sagte Amir entschlossen.

Einige Monate vergingen, und die neuen Nachbarn schienen sich nicht wirklich bewusst zu sein, wie ihr rücksichtsloses Verhalten die gesamte Bewohnerschaft beeinflusste. Die Kinder ließen ihre Tretroller und ihr Spielzeug überall verstreut im Hof stehen, und der Müllplatz glich mittlerweile einem Schlachtfeld. Zudem wurde der Innenhof von den Kindern als Fußballplatz benutzt. Als Tore dienten jeweils die Haustüren des linken und rechten Gebäudeflügels. Die lauten Streitereien des Ehepaars fanden ihren Höhepunkt immer nach Mitternacht, wenn alle anderen schlafen wollten. Individuelle Gesprächsversuche vereinzelter Nachbarn führten zu keiner Besserung. Im Gegenteil, es wurde noch schlimmer. Der Mann kam auf die Idee, seine Telefonate mit der Mutter in Tunesien um zwei Uhr morgens bei geöffneten Fenstern zu führen. Danach ließ er deutschen Gangsta-Rap oder arabische Musik über sein Soundsystem laufen und verwandelte die gesamte Nachbarschaft in einen orientalischen Nachtklub. Wer im Schichtdienst arbeitete, war gezwungen, mitten im Sommer mit geschlossenen Fenstern zu schlafen.

Die Nachbarn taten sich zusammen und engagierten einen Friedensrichter, der zwischen ihnen und den Nachbarn aus der Hölle vermitteln und die zerstörte Harmonie wiederherstellen sollte. Doch es half nicht. Als Nächstes wurde ein Sozialpsychologe hinzugezogen, in der Hoffnung, dass er mit seinen Weisheiten den Durchbruch bringen würde. Er kam zu der Erkenntnis: »Menschen brauchen Kontakte. Unterschiedliche Lebensstile erzeugen Konflikte. Konflikte tragen zur Innovation bei.« Lena war jedoch nicht bereit aufzugeben. Dank ihres Netzwerks organisierte sie einen Life Coach und sogar eine Heilpraktikerin, die versuchten zu vermitteln. Leider ebenfalls ohne Erfolg. Der Ton wurde zunehmend ruppiger, die Nerven lagen blank.

Das ganze Szenario erinnerte mich an »Tyson Ali« – ein Mitglied der berühmt-berüchtigten Remmo-Familie –, der seine Nachbarn seit Jahren in Berlin-Spandau terrorisierte. Tyson Alis Nachbarn sahen sich mit Kot unter ihren Fußmatten, Eiern, die gezielt gegen ihre Wohnzimmerfenster und Balkone geworfen wurden, und zerstochenen Autoreifen konfrontiert. Das Ganze endete vor Gericht.

Der vorsitzende Richter erklärte, dass es sich nur um einen Nachbarschaftsstreit handle, der mit etwas härteren Bandagen geführt werde. Der Staatsanwalt kam zu der Erkenntnis, dass »der Angeklagte ein sehr ausgeprägtes Territorialverhalten« besitze.

»Habt ihr es mal mit der Polizei versucht?«, fragte ich Amir.

»Nein. Ich bin links und rufe grundsätzlich keine Polizei«, gab er mir zur Antwort.

Die Situation in Amirs Nachbarschaft schien immer aussichtsloser zu werden. Die Nachbarn aus der Hölle zeigten keinerlei Einsicht, und das rücksichtslose Verhalten erreichte neue Dimensionen. Der Müllplatz wurde nun ihr persönlicher Recyclinghof, auf dem alte Möbel, Kinderwagen, Fernseher, Spielzeug und Fahrräder entsorgt wurden. Die tapferen Nachbarn, die sich trauten, den Kinderlärm zu zügeln, wurden von den Kindern mit »Hurensohn!« und »Du alter Wichser!« bedacht.

Erneut kam die Nachbarschaft zusammen und beriet sich, wie sie gegen die Familie vorgehen könnte. Beim Treffen erwähnten einige Hausbewohner, dass sie bereits erfolglos die Hausverwaltung über die permanente Lärm- und Ruhestörung in Kenntnis gesetzt hatten. Amir schlug vor, ein ausführliches Schreiben als kollektive Mietergemeinschaft an die Hausverwaltung zu schicken und darin eine Frist zu setzen, bis wann der Friede im Haus wiederhergestellt sein sollte. Andernfalls würden sie einen Rechtsbeistand hinzuziehen. Gesagt, getan.

»Gab es auf euren Brief eine Reaktion von der Hausverwaltung?«, wollte ich von Amir wissen.

»O ja. Das Ganze wurde von der Geschäftsführung ans Konfliktmanagement weitergeleitet. Man versprach uns, dass sich ein Sachbearbeiter melden werde, um weitere Schritte mit uns abzustimmen.«

»Und was hat der Sachbearbeiter mit euch erörtert?«

»Lärmprotokolle!«

»Nur das?«, fragte ich ungläubig.

Amir nickte und grinste. »Ja, genau das hat er mit uns besprochen. Er meinte, wir sollen akribisch festhalten, wann und wie lange die Nachbarn uns mit ihrem Lärmterror quälen, also Datum, Uhrzeit sowie Art der Störung. Das Lärmprotokoll muss eigenhändig unterschrieben werden. Zeugen, die die Angaben des Beschwerdeführers bestätigen können, müssen ebenfalls unterschreiben.«

Das ist schon sehr zeitaufwendig, dachte ich mir im Stillen. Bei einem Nachbarschaftsstreit gibt es keine Gewinner …

Über viele Monate hinweg verfasste Amirs Nachbarschaft fleißig Lärmprotokolle und reichte sie beim Konfliktmanagement ein. Doch trotz all dieser Bemühungen zeigten die Nachbarn aus der Hölle keinerlei Einsicht, sich zu bessern. Der Familienvater versuchte nun, einzelne Mitglieder des Mieterkollektivs verbal und psychisch einzuschüchtern. Im Hausflur wurde ein riesiger Zettel aufgehängt, der eine eindeutige Botschaft verkündete: »Ich werde euch alle in die Knie zwingen!« Der Mann lauerte einigen Nachbarn auf und beleidigte und bedrohte sie mit: »Ich komme mit meinem Bruder! Dann wirst du sehen!« Eine Nachbarin fand sogar einen Beutel mit Hundekot auf ihrer Fußmatte. Eine andere wurde an der Hauswand mit rassistischen Schmierereien konfrontiert. Bei Familie Kowalczyk wurde der Briefkasten mit Leim zugeklebt. Lena und ihre Partnerin, die im Erdgeschoss wohnten, wurden von den spielenden Kindern im Innenhof mit

Kieselsteinen, die gegen die Fenster geworfen wurden, belästigt. Und bei Herrn Sommer wurde das Schloss an der Haustür mit Sekundenkleber versiegelt. Für Dirk war der Lärm, der trotz Ohrstöpseln noch deutlich zu hören war, zeitweilig so schlimm, dass er mehrere Wochen bei Freunden verbrachte.

»Wir wollen doch nur Frieden – Hausfrieden!«, sagte Amir zu Herrn Sommer.

»Frrrrrieden?! Frrrrrieden?! Diese Familie ist in den Krrrrrieg gezogen. Jetzt bekommt sie Krrrrrrieg! Frrrrrieden ist für diejenigen, die sich vor der Herrrrrrausforderung des Lebens fürrrrrchten, die sich lieber verkrrrrrriechen, anstatt aufrrrrrrecht zu stehen und sich den Stürrrrrrmen zu stellen! Frrrrrieden ist ein verweichlichterrrrr, trägerrrrr Gedanke! Trauerrrre nicht um den Frrrrrieden, Nachbarrrrrr!«, antwortete Herr Sommer. So hatte Amir ihn noch nie erlebt, geschweige denn reden gehört. Dieser Nachbarschaftskrieg hatte in Herrn Sommer anscheinend Instinkte geweckt.

Langsam, aber sicher begann sich Amirs Nachbarschaft zu einem zweiten Berlin-Spandau zu entwickeln. Und so vergingen weitere Monate, ohne dass sich die Situation verbesserte.

Nachdem das Mieterkollektiv ein weiteres Beschwerdeschreiben mit Ankündigung einer Mietminderung an die Hausverwaltung geschickt hatte, kam endlich Bewegung in die Sache. Es folgten eine persönliche Ansprache sowie eine schriftliche Abmahnung. Die Familie blieb davon unbeeindruckt. Denn sie sah sich durch das Rechtssystem geschützt. Schließlich ist Kinderlärm ein Ausdruck der kindlichen Entfaltung. Das Bundes-Immissionsschutzgesetz unterstützt diese Ansicht und unterstreicht, dass der Lärm von Kindern keine schädliche Umwelteinwirkung darstelle, denn das entspreche ihrem natürlichen Spiel- und Bewegungsdrang. Das macht es nahezu unmöglich, rechtlich gegen Kinderlärm vorzugehen.

In den Monaten des Kampfes gegen die Nachbarn aus der Hölle erkannte ich Amir kaum wieder. Er war nicht mehr der humorvolle Freund, sondern mutierte nun selbst zum Blockwart in seiner Nachbarschaft, was zu seiner linken Gesinnung überhaupt nicht passte. Und als ob das nicht genug gewesen wäre, hatte er sich auch noch ein Kompendium über Mietrecht und lärmende Nachbarn angeeignet. »Der Beschluss des Bundesgerichtshofs vom 22. August 2017 gibt mir Hoffnung«, verkündete er mit ernster Miene. »Da hat eine Frau aus Berlin gegen ein Ehepaar mit zwei kleinen Störenfrieden geklagt, und das Gericht hat zu ihren Gunsten entschieden. Es gibt also doch keine uneingeschränkte Duldungspflicht für Mieter, wenn es um den ohrenbetäubenden Lärm von kleinen Rackern in einem Mehrfamilienhaus geht.«

Die Realität ist, dass Kinderlärm als »unvermeidlicher Nebeneffekt kindlicher und jugendlicher Freizeitaktivitäten« eingestuft wird und damit in einem »höheren Maße« von Nachbarn ertragen werden muss. Kinderlärm gehört zu den »normalen Wohngeräuschen«. Babys und Kleinkinder bis drei Jahre genießen quasi Narrenfreiheit. Nur bei Schulkindern sowie Jugendlichen ab 14 Jahren können die Eltern mäßigend einwirken. Ich brachte es nicht übers Herz, Amir diese brutale Wahrheit zu sagen. In diesem Moment fielen mir die Worte des DDR-Dramatikers Heiner Müller ein: »Optimismus ist nur Mangel an Information!«

Bei meinem letzten Gespräch mit Amir offenbarte er mir die neuesten Entwicklungen in seinem Nachbarschaftsdrama. Die Nachbarn aus der Hölle hatten tatsächlich eine zweite Abmahnung erhalten. Doch das schien sie nicht im Geringsten zu beeindrucken. Dirk und auch Lena mit ihrer Partnerin hatten schlussendlich das Handtuch geworfen und waren geflüchtet. Letztere zogen in den Prenzlauer Berg in der Hoffnung, dort endlich Ruhe zu finden. Die Nachbarn aus der Hölle ließen sich einfach nicht abschütteln. Mit einer Unterschriftenkampagne versuchten sie, ihre bevorstehende fristlose Kündigung zu verhindern, obwohl die Lärm- und Ruhestörungen unvermindert anhielten. Selbst an Sonn- und Feiertagen sowie während der Ruhezeiten machten sie keine Pause.

Mir kam der russischstämmige Eishockeytorhüter Ilja Brysgalow in den Sinn, der bei einem Interview mal über unser Sonnensystem philosophierte: »Unsere Galaxie ist gigantisch, aber wenn man das große Ganze betrachtet, ist sie nur ein winziger Punkt im Universum. Und hier machen wir uns Sorgen um unsere kleinen Probleme auf der Erde? Sei einfach glücklich. Mach dir keine Sorgen, sei glücklich.« Während ich über diese Worte nachdachte, fragte ich mich, ob Amirs endloser Nachbarschaftskrieg jemals ein Ende finden würde. Es schien keine Lösung in Sicht zu sein. Aber wie bei allem würde die Zeit es zeigen. Ich war schon gespannt auf den nächsten Akt dieses verrückten Dramas. Wer braucht schon Netflix, wenn er Nachbarn aus der Hölle hat?

Under the Bridge

Martin Hyun

Auf einer Bahnfahrt nach Prag befand ich mich plötzlich in einem Abteil mit einer Gruppe junger Politiker der Volt-Partei. Aber zum Glück waren sie äußerst angenehme Reisegefährten. Keine lauten Reden über Kabinettsposten oder die zukünftige Weltherrschaft, sondern höfliche Konversation voller Idealismus und Rücksichtnahme. Ich war beeindruckt. Das erinnerte mich an eine andere Zugfahrt, bei der ich im Ruhebereich eines ICE völlig unerwartet von ehrgeizigen Nachwuchspolitikern einer konservativen Partei umgeben war. Diese Jungpolitiker nahmen so viel Raum im Abteil ein, dass ich dachte, sie hätten ihr ganzes Ministerium mitgebracht. Ohne Rücksicht auf die anderen Zuggäste diskutierten sie lautstark über ihre zukünftigen Bundestagsmandate und wer von ihnen wohl als Erster Kanzler werden würde.

Ich musste an die Rücksichtslosigkeit von Amirs Nachbarn aus der Hölle denken. Sehr bedauerlich, dass der Zeitpunkt für ein vernünftiges Gespräch längst verstrichen war. Jemandem mit Gewalt zu drohen ist nie die Grundlage für einen gesunden Austausch oder die Basis für einen respektvollen Umgang. Vielleicht könnte da eine Münchner Idee Teil der Lösung sein. Vor ein paar Jahren stand das Münchner Nachtleben, bekannt für seine wilden Partys in den Klubs und Bars, vor dem Untergang. Die Anwohner waren genervt von den ständigen Lärm- und Ruhestörungen und drohten damit, den ganzen Spaß zu beenden. Um das zu verhindern, wurde ein neuer Beruf erschaffen – der Silencer. Ein Silencer ist kein professioneller Serienkiller, sondern ein Hüter der Ruhe und Ordnung. Die Anforderungen, um ein Silencer zu werden, sind nicht sehr hoch. Eine abgeschlossene Berufsausbildung, mehrjährige Berufserfahrung oder ein Sprachzertifikat sind nicht vonnöten. Der Silencer muss lediglich Spaß daran haben, draußen zu arbeiten, und eine ausgeprägte Bürgernähe mitbringen. Im Beamtendeutsch heißt das »Außendiensttauglichkeit«. Zudem muss der Silencer migrationsgesellschaftliche Kompetenz mitbringen und, den jeweiligen Stresssituationen angepasst, den richtigen Ton finden. Wünschenswert sind interkulturelle kommunikative Fähigkeiten und die Bereitschaft zu regelmäßigem Eigensicherungstraining. Der Silencer muss lediglich drei Sätze beherrschen: »Pssst!«, »Ruhe!« und »Seid bitte leise!«. Mit diesen magischen Worten wird er zum Helden der Nacht, der laute Gäste zum Schweigen bringt und größere Menschenansammlungen vor den Klubs und Bars verhindert. Aber was in München funktioniert, muss nicht zwangsläufig in Berlin oder Frankfurt klappen. Jede Stadt hat ihre eigenen Regeln. In Berlin zum Beispiel werden beim Fußball Kickboxer oder andere Martial-Arts-Kämpfer als Schiedsrichter für sogenannte Problemspiele eingesetzt. Bei diesen Schiedsrichtern kann man sich sicher sein, dass die Spieler keine unnötigen Diskussionen führen werden und das Spiel ohne große Vorkommnisse friedlich über die Bühne geht.

Bei der Deutschen Bahn gibt es Sicherheitspersonal, das laut Stellenbeschreibung »das subjektive Sicherheitsempfinden« der Reisenden steigern soll. Die meisten dieser Sicherheitsleute sehen sehr finster, durchtrainiert und angsteinflößend aus. Ich wünschte, dass es so eine Lösung auch für die Nachtbusse in Berlin gäbe. Kickboxer oder muskelbepackte Türsteher, die als Begleiter für die Sicherheit in Bussen sorgen. Früher fuhr ich grundsätzlich mit den öffentlichen Verkehrsmitteln zur Arbeit. Ich war einer dieser verrückten Frühaufsteher, die um drei Uhr morgens den M27-Bus zur Turmstraße bestiegen. In dieser frühen Stunde herrscht ein Zustand der Anarchie und des Chaos, und der Fahrer ist viel zu verängstigt, um im Konfliktfall einzuschreiten oder gar die Haltestelle per Lautsprecher zu verkünden. Es war jedes Mal eine wilde Fahrt ins Ungewisse mit kuriosen Fahrgästen und Sitzplatznachbarn.

Von der Turmstraße aus musste ich dann in den Nachtbus umsteigen, der mich zum legendären Bahnhof Zoo brachte. Jedes Mal, wenn wir unter der Brücke am Bahnhof Zoo hindurchfuhren, beeindruckte mich die Größe und Dimension des dortigen Zeltlagers. Es war wie eine eigene Stadt, die nach jedem Besuch weiterwuchs. Aber nicht nur am Bahnhof Zoo gab es diese beeindruckenden Zeltlager. Auch bei mir unter der Brücke im Wedding hatte sich eine kleine Gemeinschaft von Obdachlosen aus europäischen Nachbarländern wie Bulgarien, Rumänien und Polen niedergelassen. In Berlin leben schätzungsweise über 3000 polnische Obdachlose. Die polnische Regierung versucht mit Unterstützung der Organisation »Barka«, ihre gestrandeten Landsleute zu einer Rückkehr zu bewegen. Doch das Überleben auf den Straßen in Berlin sei einfacher als in der Heimat, sagen viele.

Im nahe gelegenen Supermarkt wurden meine polnische Nachbarin und ich Zeuge einer zufälligen Familienzusammenführung zweier polnischstämmiger Obdachloser. Während der eine gerade mit seinem Einkaufswagen voller Spirituosen rausging, war der andere auf dem Weg hinein. Beide wirkten sichtlich betrunken. Plötzlich schrie der eine: »Marek! Kurva! Marek, was machst du hier?«

»Arkadiusz! Ich lebe hier unter der Brücke Wollankstraße«, antwortete der andere, zu Tränen gerührt.

»Kurva! Marek! Ich lebe hier unter der Brücke Eberswalder Straße«, antwortete Arkadiusz.

Es schien, als hätten sich die beiden seit einer Ewigkeit nicht gesehen und erst in Berlin wiedergefunden. Einfach großartig, als sie sich wie verlorene Brüder in die Arme nahmen. Es war wie eine Mischung aus Tragik und Komik, als ich sie so betrunken und herzlich zusammenstehen sah. In diesem Moment wurde mir klar, dass das Leben wirklich ein Meister des Chaos ist – es wirft uns zusammen, verbindet uns auf die seltsamsten Weisen.

Hinter Marek und Arkadiusz stecken Geschichten und Schicksalsschläge, die wir nicht kennen. Menschen sind manchmal zu schnell dabei, ihr Urteil zu fällen. Wir neigen dazu, andere aufgrund äußerlicher Merkmale oder unserer eigenen Vorurteile zu beurteilen. Aber wie Bob Marley weise bemerkte: »Dein schlimmster Feind könnte dein bester Freund sein und dein bester Freund dein schlimmster Feind.« Wir würden vermutlich alle überrascht sein, wenn wir uns die Zeit nähmen, hinter die Fassaden zu schauen und die Geschichten zu hören, die das Leben geschrieben hat. Denn manchmal sind es gerade die ungewöhnlichen Begegnungen, die uns am meisten berühren und zum Nachdenken anregen.

Die Zeltlager werden zwar regelmäßig von der Stadt geräumt. Aber am nächsten Tag entsteht bereits ein neuer Zelt- und Matratzenplatz. Es ist ein ewiges Katz-und-Maus-Spiel. Als ich einmal durch die Eberswalder Straße schlenderte, stieß ich auf das Zeltlager der deutschen Obdachlosen. Schon auf den ersten Blick war mir klar, dass es sich um deutsche Obdachlose handeln musste. Die Zelte standen in perfekter Formation, mit einem Mindestabstand, der selbst die penibelsten Vermessungsingenieure neidisch gemacht hätte. Und der Platz war sauberer als bei manchem Nobelhotel. Es war ein Vorzeigezeltlager, so wie Nordkorea der Außenwelt seine Vorzeigewohnungen präsentiert, die selbst Architekten in Hollywood vor Neid erblassen lassen. Doch hinter diesen perfekt inszenierten Fassaden steckt oft eine ganz andere Realität.

Unter der Brücke an der Wollankstraße lebte Paul, ein ehemaliger Banker, der nach einem Burn-out und einem verheerenden Scheidungskrieg alles verloren hatte. Er erzählte mir von seiner Liebe zur Freiheit, den kalten Nächten unter freiem Himmel und wie er gelernt hatte, mit dem wenigen, was er besaß, glücklich zu sein. Sein Lächeln war ansteckend und seine Lebensweisheiten inspirierend. Ich beschloss, Paul ab und zu mit Kleidung und etwas zu essen zu überraschen. Auch wenn er sich am Gabenzaun in der Nähe vom U-Bahnhof Osloer Straße bediente. Er war dankbar, und wir hatten oft lustige Gespräche über das Leben und dessen skurrile Wendungen.

Einmal hatte Paul eine verrückte Idee – er wollte sein Plätzchen bei Airbnb vermieten. »Berlin authentisch erleben!«, stand auf seinem imaginären Schild. Doch eines Tages war er plötzlich von der Brücke an der Wollankstraße verschwunden. Keine Verabschiedung, keine Spur, wie vom Erdboden verschluckt. An seiner Stelle traf ich nun auf Marek, den polnischen Obdachlosen, der sich das Areal mit einer bunten Gruppe Bulgaren und Rumänen teilte. Neugierig sprach ich ihn an und fragte, wie dieses multikulturelle Zusammenleben unter der Brücke trotz der Sprachbarriere funktioniere. Marek grinste breit und antwortete in gebrochenem Deutsch: »Wir kommen gut miteinander aus. Ich bringe ihnen polnische Schimpfwörter bei, und sie zeigen mir, wie man richtig ›Prost‹ sagt. Es ist ein wilder Mix aus Gesten, Lachen und verschiedenen Sprachen. Aber am Ende des Tages sind wir alle hier, um uns gegenseitig zu unterstützen und das Beste aus unserer Situation zu machen.« Manchmal findet man das größte Glück eben genau dort, wo man es am wenigsten erwartet – unter einer Brücke inmitten einer bunt zusammengewürfelten Gemeinschaft von Überlebenskünstlern.

Meinen Vater und den Frontmann der kalifornischen Kultband Red Hot Chili Peppers Anthony Kiedis verbindet die Anziehungskraft von Autobahnbrücken. Immer wenn mein Vater eine Auszeit vom Leben benötigt, fährt er zu seiner Lieblingsbrücke. Er sagt dann: »Ich fahre zum I-Pal-Pal!« *I-Pal-Pal* ist koreanisch für »2-8-8«, die Rheinbrücke 288 also. Weit weg von jeglichen Nachbarn. Dort kann er seine Gedanken sortieren und bei einem einsamen Spaziergang seinen Stress loswerden. Anthony Kiedis verbindet die Zeit unter der Brücke mit seiner Heroinabhängigkeit und Einsamkeit. Die im Lied »Under the Bridge« erwähnte Brücke ist ein Ort, an dem Kiedis Drogen kaufte und sich damit zudröhnte. Mein Vater blieb jeglichem

Drogenkonsum fern. Sein einziges Laster ist das Zigarettenrauchen.

Manchmal findet man Gemeinsamkeiten an den ungewöhnlichsten Orten – mit oder ohne Nachbarn. Unter der Brücke an der Wollankstraße entdeckte ich genau das: eine Brücke, die Menschen auf ihre ganz eigene Weise verbindet. Wie sagt König T'Challa in »Black Panther«: »In Zeiten der Krise bauen die Weisen Brücken, während die Narren Mauern errichten.«

Weltallnachbarn

Wladimir Kaminer

Wir Menschen sind launische Wesen. Ständig ärgern wir uns über die Nachbarn, doch wenn sie nicht da sind, machen wir uns Sorgen und werden nervös. Wo sind sie alle? Auf welchem Planeten haben sie sich versteckt, und was führen sie im Schilde? Jedes Mal, wenn wir uns das Leben auf der Erde schwer machen und es wieder Krach mit den Nachbarn gibt, schauen wir sehnsüchtig zu den Sternen: Gibt es vielleicht ein Leben auf dem Mars? In einer anderen Galaxie, auf einem anderen Planeten? Und wenn ja, wie ist dieses Leben dort?

Eigentlich könnte es uns herzlich egal sein, ob es Leben da oben gibt oder nicht. Sicher wird dort schon irgendetwas existieren, schließlich haben wir es im Universum mit einer Unendlichkeit zu tun, und in einer Unendlichkeit kommt alles irgendwann mal vor. Selbst wenn es zurzeit nicht danach aussieht, kann sich das in der Zukunft ändern. Es kann durchaus passieren, dass wir eines Morgens aufwachen, und zack – unerwarteter Besuch: Außerirdische stehen vor der Tür. »Na? Gut geschlafen?« Da geht der Ärger schon los. Deswegen wäre es allemal vorteilhafter, wenn wir sie zuerst fänden und mit unserem Besuch überraschen würden. Dafür haben die Menschen die Weltraumforschung erfunden, um den anderen zuvorzukommen. Die Weltraumforschung entwickelt sich sprunghaft. Solange sich unser Zusammenleben auf dem Planeten einigermaßen friedlich gestaltet, werden die Teleskope vor allem auf andere Sterne gerichtet und tolle Fotos gemacht. Kaum beginnt die Erde unter den Füßen zu brennen, kommt es zu einem Stau im All, die Weltmächte starten eine Rakete nach der anderen, sie setzen ihren Kampf um die Eroberung des Universums fort. Was genau sie da oben erobern wollen und zu welchem Zweck, wird nicht eindeutig gesagt.

Ich bin in Zeiten des Kalten Krieges aufgewachsen, die Supermächte standen einander mit bösen Mienen gegenüber, wer als Erster blinzelte, hatte verloren. Die Amerikaner, die Chinesen und die Russen flogen wie die Teufel in den Weltraum, statt des Sandmännchens sahen wir jeden Abend sowjetische Kosmonauten im Fernsehen, die uns, an Schläuchen hängend, aus ihren Raketen zuwinkten. Die Nachrichten aus dem Weltall füllten gut zwei Drittel der damaligen Berichterstattung. Dabei hatte unser Land viele irdische Probleme: kaputte Infrastruktur, unvollkommenes Gesundheitswesen, schlechte Lebensmittelversorgung, es fehlte im Grunde genommen an allem.

Einige kritische Stimmen in der Sowjetunion fragten leise, ob es seitens der sozialistischen Planwirtschaft nicht leichtsinnig sei, so viel Geld für die Eroberung des Alls auszugeben, statt dieses Geld zum Beispiel in die Wurstproduktion zu investieren oder endlich das verfluchte Hosenproblem in der Sowjetunion zu lösen. Im größten Land der Erde war es nämlich kaum möglich, eine passende Hose zu finden, sie waren alle zu groß und ohne Ausnahme hässlich. Vor allem die Männer litten darunter, die Frauen konnten Röcke tragen und zur Not die Hosen passend machen, alle Mädchen hatten in der Schule im Unterrichtsfach »Häusliche Arbeit« nähen gelernt. Die Jungs waren von diesem Unterricht allerdings ausgeschlossen, sie wurden stattdessen in »Die Grundsätze der Heimatverteidigung« eingeweiht. Im besten Fall konnten sie danach eine Kalaschnikow auseinanderbauen und sich Handgranaten vor die Füße schmeißen, aber Hosenverkleinern stand nicht auf ihrem Lehrplan. Also liefen die Männer permanent in Hosen herum, die an ihnen herunterrutschten. Heute würden sie vielleicht als Rapper durchgehen, doch damals war HipHop noch nicht so angesagt, den Männern waren ihre Hosen peinlich.

Wenn man also einen Teil der Staatskosten dem Weltall wegnehmen und in die Hosenproduktion stecken könnte, würde es unser Leben auf dem Planeten Erde deutlich erleichtern, flüsterten kritische Stimmen naiv. Ihre rational denkenden Zeitgenossen widersprachen. Unsere sozialistische Planwirtschaft sei nicht dafür geschaffen, sich mit den alltäglichen Nöten der Bürger zu beschäftigen. Sie war nicht in der Lage dazu, sich mit der Kleinigkeit auseinanderzusetzen, dass 200 Millionen Menschen unterschiedlich lange Beine und dicke Bäuche hatten und dementsprechend unterschiedliche Hosengrößen brauchten. Sie war für einmalige bombastische Projekte geschaffen, zum Beispiel mittels einer beispiellosen Anstrengung aller Produktionskräfte des Landes eine Riesenrakete zu bauen und einen Mann ins Weltall zu schießen, dann noch mal zwei hinterher und dann vielleicht alle drei auf einmal. Aber Hosen für Millionen Bürger zu nähen, die auch noch einen sich verändernden Bauchumfang hatten, mal zu und mal abnahmen, war unmöglich. Woher sollte der Staat wissen, wer welche Hosengröße brauchte?

Mit der Wurstproduktion war die Planwirtschaft ebenfalls überfordert, die Wurst verschwand nämlich bereits in der Wurstfabrik; egal wie viel man dort produzierte: Die Lebensmittelläden blieben leer. Und selbst wenn man die verdammte Wurst bergeweise produziert hätte, wäre schon am nächsten Tag alles restlos von den undankbaren Bürgern aufgegessen worden und hätte erneut rangeschafft werden müssen. Ein Flug zu einem anderen Planeten würde dagegen mit Sicherheit in die Annalen der Weltgeschichte eingehen, die Wurstproduktion nicht.

So gesehen, hatten wir gar nicht die Wahl, ob wir eine bessere Versorgung und eine gut sitzende Hose haben oder zu den Sternen fliegen wollten. Unsere Wahl sah anders aus: Entweder sitzen wir ohne Hosen und schauen den Kosmonauten zu, wie sie in unserem Namen das Weltall erobern. Oder wir sitzen ohne Hosen, ohne Kosmonauten und ohne Weltall da. Also entschieden sich die Menschen für das Weltall, das Weltall war besser als nichts. Und deswegen genossen die Kosmonauten einen besonderen Status in der Sowjetunion, sie waren unsere Hosen und unsere Wurst.

Die Kosmonauten waren lange Zeit unsere Lieblingsnachbarn. Meine Eltern mieteten jahrelang ein Sommerhaus in der Nähe des »Sternenstädtchens«, einer Siedlung nahe Moskau, in der nur Kosmonauten mit ihren Familien lebten und arbeiteten. Wir nannten sie »Weltallnachbarn«. In diesem Städtchen wohnten Tausende Menschen, die meisten haben den Planeten Erde nie verlassen. Ihre Arbeit bestand in der ständigen Bereitschaft, zu den Sternen zu fliegen, sobald die Heimat es ihnen befehlen würde. Hat sie aber nicht. Dafür arrangierte ihnen die Heimat ein süßes Leben auf Erden. Unsere Kosmonauten hatten immer Wurst, in den Lebensmittelläden des Sternenstädtchens konnte man alle möglichen Leckereien kaufen, die für uns Normalbürger nicht aufzutreiben waren, sogar amerikanischen Whiskey und italienische Zigaretten fand man dort in den Regalen.

Die Siedlung wurde bewacht wie ein Militärstützpunkt, mit einer Schranke und einem Soldaten mit Maschinengewehr, der die Kosmonautenausweise kontrollierte. Normalsterbliche durften in das Städtchen nicht rein, sonst hätten sie diesen Weltraumforschern die ganze Wurst weggekauft. Uns Kinder hat der gut gelaunte Soldat an der Schranke jedoch manchmal passieren lassen, wir stellten für das gute Leben der Kosmonauten keine Gefahr dar, und als Minderjährige durften wir sowieso keinen Whiskey und keine Zigaretten kaufen. Das Städtchen hat die in der Umgebung lebende Dorfjugend damals stark angezogen, alle Kinder wollten Kosmonauten werden, nicht um ins Weltall zu fliegen, sondern um in das zauberhafte Sternenstädtchen zu ziehen. In unserer Vorstellung waren die Kosmonauten Menschen, denen es gut ging, die jeden Tag Whiskey tranken und teure Zigaretten rauchten.

Die Nähe zum Sternenstädtchen hat mich nachhaltig geprägt. Noch heute, wenn ich es mir gut gehen lasse, fühle ich mich wie ein Kosmonaut. Und wenn ich in der Fremde auf Landsleute treffe, trinken wir als Erstes auf den Weltraum. Wir sind alle kosmonautisch erzogen worden, Menschen aus dem ehemaligen sozialistischen Lager, unsere Nachbarn von damals, als wir noch die Zukunft der Menschheit waren. Der Sinn dieser Weltraumforschung war nämlich nicht nur kurzes oder längeres Kreisen im All, sondern die Länder des sozialistischen Blocks zusammenzuhalten, die Überlegenheit des kommunistischen Wertesystems und seine erhabenen Ziele zu demonstrieren. Alle auf unserem Planeten sollten wissen: Während die gierigen Kapitalisten sich nur um die Wurst kümmerten, flogen die Kommunisten bereits zu den Sternen. Die Sowjets haben Menschen aus mehr als vierzig Ländern mit ihren Raketen ins Weltall mitgenommen, Taxifahrer, Sportlehrer, Pferdezüchter, sie alle durften zu den Sternen fliegen, umsonst! Die meisten von ihnen sind auch heil wieder runtergekommen und zu großen Helden in ihren Ländern geworden. Mit dem Untergang der Sowjetunion war allerdings Schluss mit der kostenlosen Rumfliegerei. Die Zukunft, die helle kommunistische Zukunft war auf einmal vorbei, für nichtig erklärt. Die ehemaligen Kosmonauten mussten sich auf Erden neue Jobs suchen. Die einen fuhren wieder Taxi, die anderen durften ihre Rakete sogar mit nach Hause nehmen. Einige sind angeblich im Weltall geblieben und bis heute nicht zurückgekehrt.

Ich beobachte das Leben der ehemaligen Kosmonauten mit großem Interesse, in gewisser Weise bin ich selbst einer, obwohl ich nie im Weltraum war. Wir sind alle zusammen in einer Rakete des Kommunismus weiß Gott wohin geflogen, Punkt Mitternacht verwandelte sich unser Raumschiff in einen Kürbis, und wir fielen runter. Aber das Schöne am Leben ist, dass es immer weitergeht. Hier sind vier meiner Lieblingsgeschichten über unsere Nachbarn aus dem All:

Der nigerianische Kosmonaut

Jahrelang bekam ich in Deutschland regelmäßig Mails mit einem Spendenaufruf für eine Rückholaktion des nigerianischen Kosmonauten Abacha Tunde. Er soll als erster afrikanischer Kosmonaut 1990 in einer geheimen Mission zu einer sowjetischen Raumstation ins Weltall geschossen worden sein. Gleich danach kollabierte die Sowjetunion, der Nigerianer wurde vom sozialistischen Imperium im Stich gelassen, verlor jedoch nicht die Hoffnung, irgendwann wieder zu seiner Frau und seinen Kindern nach Hause zu kommen. Die Familie wartete noch immer auf seine Rückkehr und versuchte, 15 Millionen Dollar zu sammeln, die eine solche Rückholaktion kostete.

Jedes Mal, wenn ich diese E-Mail bekam, fühlte ich mich solidarisch mit dem nigerianischen Kosmonauten und wollte ihn und seine Familie unbedingt unterstützen, wenn auch nur geistig. Viele meiner Landsleute fühlten sich nach der Auflösung der Sowjetunion wie der nigerianische Kosmonaut im Weltall im Stich gelassen, und nicht alle haben es geschafft, wieder auf dem harten Boden der Realität zu landen. Für mich gehörte der Nigerianer zu den nächsten Himmelsnachbarn, ich dachte oft an ihn, wenn am dunklen Berliner Himmel die Sterne zu blinken begannen. Wir sehen dich, Abacha Tunde, dachte ich, wir grüßen dich, halte durch!

Jahrelang diente mir die Spammail der Familie des nigerianischen Kosmonauten als Beweis dafür, dass wir nicht allein im Universum sind, dass jemand von oben auf uns herabschaut. Doch seit ein paar Jahren habe ich nichts mehr von Abacha gehört. Entweder hat seine Familie im Lotto gewonnen und ihn endlich zurückgeholt, oder er ist für immer im Weltall verschollen. Dafür habe ich neulich von der Existenz eines afghanischen Kosmonauten erfahren.

Der afghanische Kosmonaut

Die Sowjetunion war nicht umsonst von einem amerikanischen Präsidenten zum »Imperium des Bösen« ernannt worden, mal böse und mal milde breitete sie sich wie ein Krake über den Globus aus, eignete sich neue Territorien an und begann auf diesen Territorien sofort, nach neuen Kosmonauten zu suchen. Das schwarze Weltall war nämlich der Klebstoff des roten Imperiums. 1979 marschierten die Sowjets in Afghanistan ein, sie suchten lange und ohne Erfolg nach einem Afghanen, der bereit war, in den Weltraum zu fliegen. Die meisten Afghanen wollten nicht, sie glaubten, es sei eine große Sünde, die Erde zu verlassen. Wenn Allah gewollt hätte, dass die Menschen flögen, hätte er ihnen Flügel verliehen, sagten sie. Doch wer sucht, der findet. Schließlich hatten sie ihren Mann: einen Taxifahrer aus Kabul, der sich freiwillig zur Pilotenausbildung meldete, von den Russen für ihr Kosmonautenprogramm ausgewählt und im Schnelltempo für einen Flug ins All vorbereitet wurde. Ich weiß nicht, nach welchen Kriterien die Kosmonauten in fremden Ländern ausgewählt wurden, aber eins steht fest, er musste Russisch sprechen können, um mit zwei russischen Kosmonauten um die Erde zu fliegen. 1988 begann er seine Ausbildung, im Jahr darauf flog er bereits. Erstaunlich, wie schnell das ging, vermutlich waren die Russen bei ihrer »Weltraumeroberung« in Eile. »Fass nichts an und lächle fröhlich in die Kamera«, hatten sie wahrscheinlich zu ihm gesagt und auf den Startknopf gedrückt. Der Flug ging gut aus, das Team kehrte gesund und munter zurück. Kurz danach mussten die Sowjets ihre Truppen aus Afghanistan abziehen, die Taliban kamen an die Macht. Der afghanische Kosmonaut dachte, nicht grundlos, die Taliban würden ihn nicht mögen. Er war für afghanische Verhältnisse wirklich zu weit geflogen, und das ganz ohne Flügel, das dürfte nicht unbestraft bleiben. Kurz entschlossen, wanderte der afghanische Kosmonaut zu seinem Bruder nach Deutschland aus. Der Bruder war bereits zuvor ins Land gekommen und hatte bei Wiesbaden einen Taxibetrieb aufgebaut. Also fing der afghanische Kosmonaut wieder als Taxifahrer an, diesmal in Hessen.

Was für eine Lebensgeschichte, dachte ich, wie traurig und romantisch zugleich, wie eine Taxifahrt zu den Sternen und zurück. Oft wissen wir selbst nicht, wer wir in Wahrheit sind, und fühlen uns wie der Afghane. Ist er ein Taxifahrer, der zu den Sternen flog, oder ein Kosmonaut, der Taxi fährt? Der afghanische Kosmonaut könnte mit gutem Gewissen zu jedem Fahrgast, der sich in sein Taxi setzt, sagen: »Wissen Sie, eigentlich bin ich hauptberuflich Weltraumforscher. Das mit dem Taxi mache ich nur zwischendurch, wenn ich gerade auf der Erde bin. Aber bald geht es wieder los, ab zu den Sternen!« Zu welchem Stern? »Egal, Hauptsache, wir bleiben in Bewegung.«

Selbst wenn er nur Taxi gefahren wäre, würde er für mich ein richtiger Kosmonaut sein, man muss nicht unbedingt fliegen, um ein richtiger Kosmonaut zu sein. Den besten Beweis dafür lieferten im vorigen Jahrhundert Menschen in Sambia, die das berühmte »kosmische Programm zur Wiederherstellung der planetarischen Souveränität« entwarfen.

Der sambische Kosmonaut

In den Sechzigerjahren des vorigen Jahrhunderts lieferten sich die sogenannten Supermächte einen erbitterten Kampf um die Weltherrschaft. Weil beide Lager mit Atomwaffen ausgerüstet waren, die im Fall einer irdischen Auseinandersetzung garantiert den ganzen Planeten in die Luft gejagt hätten, wurde der Schwerpunkt dieses Streits ins Weltall verlagert, so als würde die Weltherrschaft demjenigen gehören, der als Erster seine Flagge auf dem Mars in den roten Sand steckte. Vor diesem Hintergrund versuchten auch kleinere Länder, sich einzumischen, um das Spielfeld »Weltraum« nicht allein den Supermächten zu überlassen. Besonders aktiv in dieser Hinsicht war die unabhängige Republik Sambia.

In Afrika kam in den Sechzigern der antikoloniale Befreiungskampf in Fahrt, der Vorsitzende der UNIP, der sambischen Partei für nationale Unabhängigkeit, Edward Nkoloso gründete die Nationale Akademie für Wissenschaft, Weltraumforschung und Philosophie und begann, unter dem Motto »Schwarzer Weltraum für Schwarze« eine eigene Marslandung vorzubereiten. Seiner Überzeugung nach verfügten die Urahnen des sambischen Volkes bereits vor Jahrhunderten über wertvolles Wissen, wie man ohne jeden Treibstoff fremde Planeten erreichen könne, dieses Wissen wurde ihnen jedoch von den Kolonialmächten verschüttet. Mit einer Forschungsgruppe der heimischen Enthusiasten zeichnete Edward die »Mukva«, eine Art Katapult, die angeblich eine Rakete bis zum Mars schleudern konnte. Eine Probefahrt zum Mond wurde ebenfalls geplant. Am Tag der Unabhängigkeit der Republik sollte die Rakete während einer feierlichen Zeremonie im Stadion von Lusaka in Richtung Mars geschleudert werden.

An freiwilligen Enthusiasten mangelte es nicht, sie nannten sich voller Stolz »Afronauten«. Das erste Afronautenteam bestand aus dem Mädchen Mata Mwamba und zwei seiner Katzen. Sie wurden von Edward Nkoloso persönlich nach einer von ihm erstellten Methodik trainiert. Damit sich das Team in der Schwerelosigkeit wohlfühlte, mussten alle Mitglieder von einer großen Schaukel auf ein Trampolin springen und, in ein raketenähnliches Fass gequetscht, von einem Berg runterrollen. Die Begeisterung der Bevölkerung und der Enthusiasmus des Forschungsteams trieben das Projekt voran, dem jungen Land fehlten bloß die finanziellen Mittel für die Umsetzung dieses ehrgeizigen Vorhabens.

Die sambische Wissenschaftsakademie unter der Führung von Edward beantragte bei der UNESCO, bei der NASA und bei der sowjetischen Raumfahrtbehörde finanzielle Mittel, um ihren Start zu verwirklichen. Doch die alten weißen Männer haben es wie immer in den Sand gesetzt. Die UNESCO hatte Zweifel an der Ernsthaftigkeit des Vorhabens, die Russen waren knapp bei Kasse, und die Amis waren bereit, Finanzhilfen gegen sambische Bodenschätze zu tauschen. Die sambische Raumfahrtakademie ging so weit, den Amerikanern eine Beteiligung an dem Projekt anzubieten, sambisches Wissen von den Urahnen, verbunden mit amerikanischem Geld, würde eine neue technologische Revolution in Gang setzen, schrieb Edward in seinem offenen Brief an das Weiße Haus. Seine einzige Bedingung war, dass zuerst die sambische Flagge und dann die amerikanische in den roten Sand des Mars gesteckt werden sollte. Die blöden Amerikaner wiegelten ab. Durch eine Kette unglücklicher Umstände musste der Start ohnehin verschoben werden: Mata Mwamba, die erste Afronautin Sambias, wurde schwanger, brach das Trainingsprogramm ab und wurde von ihren Eltern abgeholt, die Katzen und die Wissenschaftler liefen weg. Die fassähnliche Rakete verrostete im Regen, Edward hatte kein Interesse mehr an seiner Kapsel, also wurde sie von den enttäuschten Zeitgenossen auseinandergebaut, teils in den Haushalten verwendet und teils auf den Müll geworfen.

Doch der unruhige Geist der Afronautik lebt. Er lässt uns in den schwierigen Momenten des Lebens zu den Sternen schauen und hält uns auf Trab. Ich hätte anstelle von Edward die Rakete behalten, erstaunlich, wie leicht manche Weltraumforscher auf ihre Kapseln verzichten. Aber nicht alle. Der mongolische Kosmonaut zum Beispiel hat seine »Sojus«-Rakete mit nach Hause genommen.

Der mongolische Kosmonaut

Niemand in meiner Heimat verstand, warum unsere Olympischen Spiele 1980 in Moskau von der freien westlichen Welt boykottiert wurden. Nur weil die Sowjets in Afghanistan einmarschiert waren? Niemand mochte glauben, dass wegen solch einer Kleinigkeit ein derartig solides Sportereignis wie die Olympiade verweigert werden konnte. Und wenn es gar nicht um Afghanistan ging, warum wurden wir dann gemobbt? Unser Generalsekretär Leonid Breschnew konnte es der Bevölkerung nicht erklären, er sprach so unverständlich, als hätte er den Mund voller Brei. Selbst seine engsten Parteigenossen konnten keinen Satz aus seinem Munde verstehen und wussten oft nicht, an welcher Stelle sie klatschen mussten. Man munkelte, seine Sprachstörung sei die Folge eines Schlaganfalls, den er im Stehen überlebt habe. Er hatte Angst vor dem Krankenhaus und davor, dass er, einmal von seinen Genossen ins Krankenhaus eingeliefert, dort nicht mehr herauskommen würde. Andere Kremlexperten berichteten, die westlichen Zahnärzte, die ihn behandelten, seien von der CIA angeworben worden und hätten dem sowjetischen Generalsekretär eine »Vollprothese mit Überraschung« eingesetzt, die mit der Zeit unwiederbringlich verrutscht sei, sodass niemand ihn mehr habe verstehen können.

In diesen schwierigen Zeiten beschloss das Politbüro, dass wir moderate Nachrichtensprecher brauchten, die klar und deutlich der Bevölkerung die Weltlage erklärten und die Reden des Generalsekretärs deuteten. Die alten Nachrichtensprecher wurden entlassen, die neuen mussten eine Prüfung ablegen. Die kniffligste Aufgabe davon war: Die zukünftigen Nachrichtensprecher sollten den Namen des ersten und einzigen mongolischen Kosmonauten, der gleich nach den gescheiterten Olympischen Spielen ins Weltall geflogen war, zehnmal hintereinander aussprechen, ohne Nebengeräusche zu produzieren. Böse Zungen behaupteten, diese Prüfung sei der Grund, warum wir so wenige Nachrichtensprecher hatten, nämlich nur zwei.

Der mongolische Kosmonaut hieß Dschügderdemidiin Gürragtschaa. Er war als 18. Kind in einer Nomadenfamilie im Schatten des Berges Kovinchan in der Provinz Bulgan zur Welt gekommen, seine Eltern waren Pferdezüchter. Mit fünf saß Dschügderdemidiin bereits auf einem Pferd und gewann damit Rennen. »Schneller als der Wind ist unser Junge«, sagten die Nachbarn und schüttelten den Kopf. »Er reitet nicht, er fliegt!« Sie konnten sich damals nicht vorstellen, dass ihr Dschügderdemidiin in einer gar nicht so fernen Zukunft tatsächlich fliegen würde, noch viel schneller als der Wind. Aber erst einmal ging er mit 18 zur Armee und diente wie ich bei einer Raketenabwehrstellung. Nach der Armee besuchte er eine Pilotenschule und wurde vom Kosmonautenvorbereitungsprogramm »Interkosmos« als erster Mongole ausgewählt, der ins Weltall fliegen durfte.

1981 schoss man ihn dann mit der Mission »Sojus 39« ins All, wo er eine Woche mit einem russischen Kollegen verbrachte. Die ganze Zeit versuchte der Russe, den Mongolen vom Bullauge wegzuschubsen. »Hör auf zu glotzen!«, sagte er. Doch Dschügderdemidiin konnte nicht aufhören, er wollte unbedingt seine geliebte Mongolei aus dem Weltall sehen und grüßen. Er hat sie auch gefunden: südlich vom Baikalsee – ein schönes großes Stück Steppe. Die Mongolei wechselte andauernd die Farbe, mal war sie grauweiß und mal gelbrosa. Das ständige Betrachten seiner Heimat hinderte den mongolischen Kosmonauten aber nicht daran, seine eigentliche Aufgabe im Weltall vorbildlich zu erledigen. Er sollte im Auftrag der kommunistischen Partei der Mongolei die Fahne und das Grundgesetz der Volksrepublik, ferner das handgemalte Porträt des mongolischen Generalsekretärs und einen Brief an die nächsten Generationen des Landes, die das Weltall bereisen würden, zur orbitalen sowjetischen Raumstation Saljut 6 bringen, die übrigens noch immer irgendwo da oben hängt.

Zurück auf der Erde, wurde er in seinem Land groß gefeiert und nahm einen neuen Namen an, auf einmal hieß er nicht mehr Dschügderdemidiin, sondern Sansar – »Weltraum« auf Mongolisch. Die kommunistische Regierung der Volksrepublik errichtete aus diesem Anlass ein Museum der mongolischen Weltraumforschung in der Hauptstadt, die Weltraumkapsel der »Sojus 39«-Mission wurde dort als wichtigstes Exponat ausgestellt. Die Sowjets überließen dem Brudervolk die Kapsel ohne Bedenken, sie hätten ihm locker auch alle Kapseln, die man zuvor in den Weltraum geschossen hatte, überlassen können, nach der Landung waren sie nämlich zu nichts mehr zu gebrauchen. Außer der Kapsel wurden im Museum der Kosmonautenanzug von Sansar ausgestellt sowie seine Fotos und Zeichnungen, die er unterwegs angefertigt hatte. Jeder Mongole durfte umsonst ins Museum und sich für einen Moment wie ein Kosmonaut fühlen. Sansar schrieb später ein Buch, »Die herzensnahe Welt«, in dem er seine Eindrücke vom Weltraum zusammenfasste.

Mit dem Untergang der Sowjetunion klappte der ganze Sozialismus auf dem Planeten in sich zusammen wie ein Kartenhaus. Das mongolische Politbüro verlor die Macht, die Einführung der Marktwirtschaft zog Abenteuerkapitalisten aus der ganzen Welt ins Land des Steppenvolkes, und bald wurde alles im Land privatisiert, nichts durfte einfach so stehen bleiben, alles sollte Leistung bringen und Gewinn erzielen. In das Museum der mongolischen Weltraumforschung zog ein Kaufhaus ein. Die neuen Inhaber füllten die Regale mit Sonderangeboten aus chinesischer Produktion. Den Kosmonautenanzug, die Fotos und Zeichnungen schmissen sie auf den Müll, das wollten sie auch mit der Kapsel tun, sie passte vom Design her nicht zu ihrem Kaufhaus. Kurz vor dem Entsorgungstermin erreichte jedoch eine merkwürdige Delegation die Hauptstadt: Der ganze Clan vom Berg Kovinchan in der Provinz Bulgan kam mit Pferden und einer Kutsche zum Kaufhaus, holte die Kapsel, legte sie auf die Kutsche und ritt weg, weit weg von den Sonderangeboten des Kaufhauses. Seitdem hat man die Kapsel der »Sojus 39«-Mission nicht wieder gesehen. Auch die Briefsendung, an die nächsten Generationen in der Mongolei gerichtet, ist irgendwo im Weltall ungelesen liegen geblieben. Bis jetzt jedenfalls.

Unsere Brüder und Schwestern

Wladimir Kaminer

Den Großteil meiner Kindheit und Jugend habe ich in großen Räumen zusammen mit vielen anderen Menschen verbracht, die mir nicht alle freundlich gesonnen waren, in den Pionierlagern, den Schulklassen, Kasernen und Wohnheimen. Viele meiner Zeitgenossen mussten sogar ihr Zuhause, die Küche und das Bad mit den Nachbarn teilen, mit anderen Familien, die in der gleichen Wohnung ein Zimmer hatten. Man nannte diese Form der Nachbarschaft »kommunales Zusammenleben«, es gab in unserem Land, dem größten der Welt, schon immer mehr Menschen als Wohnraum. Zum Glück konnten meine Eltern nach meiner Geburt das nötige Geld zusammenkratzen, um sich die Anzahlung für eine eigene Wohnung zu leisten. Meine Großmutter und mein Onkel blieben jedoch bis zu ihrem Tod in einem Zimmerchen in einer kommunalen Wohnung.

Eine kommunale Wohnung bedeutete, dass mehrere Familien sich Küche, Toilette und Bad teilten. An der Eingangstür hing ein Zettel mit Namen und Zahlen neben der Klingel. Der Besucher sollte einmal, zweimal oder dreimal klingeln, je nachdem welche Familie er besuchen wollte. In der Regel waren solche zusammengepferchten Nachbarkollektive von Feindseligkeit und permanenten Gerechtigkeitskämpfen geprägt. Die unfreiwillig zur Nachbarschaft Gezwungenen standen in ständiger Konkurrenz zueinander, sie kämpften um den Platz im Kühlschrank, auf dem Gasherd und im Bad. Bei meiner Oma ging jeder Bewohner mit eigenem Toilettenpapier und einer eigenen Glühbirne auf die Toilette, weil die Haltbarkeit einer gemeinsam benutzten Glühbirne unmöglich auszurechnen war. Die Menschen verbringen bekanntlich unterschiedlich viel Zeit auf der Toilette, und die Nachbarn stritten sich ohnehin darüber, wer welchen Teil der Strom-, Gas- und Wasserrechnung am Ende des Monats übernehmen sollte. Allzu verständlich, dass sie ihr Licht mit niemandem teilen wollten. Die Küchenversammlungen, bei denen die Rechnungen vorgelesen wurden, drohten jedes Mal zu einer regelrechten Schlacht der Völker auszuufern.

Mein Onkel, der ein Zimmer in einer riesigen Wohnung hatte, musste ohne warmes Wasser leben. Auf einer Versammlung hatten seine Nachbarn beschlossen, freiwillig auf warmes Wasser zu verzichten. Es war für diese Menschen wesentlich leichter, sich das Wasser auf dem Herd warm zu machen, als jedes Mal die Menge der verwendeten Wärme im Bad auszurechnen. An gesetzlichen Feiertagen saßen jedoch all diese Menschen zusammen in der Küche, räumten den Kühlschrank leer und sangen bis spät in die Nacht sowjetische Folklore. Diese Nachbarschaft war also eine Hassliebe. Überhaupt haben die Menschen in der Sowjetunion sehr viel gesungen, zu jedem Geburtstag, jeder

Hochzeit oder jedem Begräbnis gehörte das Singen dazu. Die Kinder und die Alten konnten stundenlang zusammen singen, und immer kannten alle den Text. Die sowjetischen Buchhandlungen hatten nicht viele Bücher im Sortiment. Neben den Werken von Marx und Lenin stand aber immer eine Liedersammlung im Regal. Sogar meine Eltern, die weiß Gott keine großen Sänger waren, hatten drei solche Bände: »Die Lieder für gemütliche Stunden«, »Das grüne Gras vor meinem Haus« und »Unsere Wege, Staub und Nebel«. Ich kann nicht genau sagen, wie diese Sitte zustande gekommen ist, aber möglicherweise verleitet tatsächlich das kommunale Wohnen zu gemeinsamen Singaktivitäten. Wenn jeder seine eigene Küche hätte, wäre das große Singen fehl am Platz.

Die Wohnsituation hat sich inzwischen ein wenig verbessert, doch als Erinnerung an die alten Zeiten gibt es heute in Russland eine populäre Fernsehsendung mit dem umständlichen Namen »Singen in der Küche gemeinsam mit dem ganzen Land«. Einige Menschen, ziemlich viele sogar, scheinen die früheren Zeiten herbeizusehnen, die Sendung bringt stabil gute Quoten, wird jedoch, soweit ich weiß, nur in der Russischen Föderation ausgestrahlt. Die Bürger der ehemaligen sowjetischen Republiken haben keine große Lust, die russischen Lieder mitzusingen, nachdem sie aus der Sowjetunion ausgezogen sind.

In gewisser Weise war unser Land eine riesige kommunale Wohnung, in der die unterschiedlichen Völker, Kulturen, Sprachen und Traditionen unfreiwillig in Küchen zusammengepfercht worden waren. Das wurde mir aber erst klar, nachdem ich meine Heimat verlassen hatte. Offiziell war die sowjetische Politik vom Internationalismus geprägt. Laut unserem Geschichtslehrbuch waren wir eine absolut freiwillige Zusammenkunft großer und kleiner Völker, die vorsorglich und akkurat wie ein Blumenstrauß in den Stacheldraht des sowjetischen Bündnisses eingewickelt waren, und jede Blume, jeder Strauch wurde gleich ungerecht behandelt. Für die Machthaber war kein Volk in diesem Bündnis besser als das andere, keinem blieben die Abenteuer des Sozialismus erspart – Repressionen und Paraden, Umsiedlungen und Hungersnöte, der Bau der längsten Eisenbahn der Welt und der Krieg in Afghanistan.

Aus diesem zwanghaften Zusammenleben entstand an vielen Orten eine real existierende Brüderlichkeit, wie man sie sonst nur aus Katastrophenfilmen kennt. Nicht im normalen Leben, aber im Urwald, auf hoher See oder auf einer unbewohnten Insel finden die unterschiedlichsten Leute plötzlich zueinander. Die sowjetische Kultur lieferte ununterbrochen Beweise für die Volkssolidarität. In den sowjetischen Kriegsfilmen waren Armenier und Aserbaidschaner beste Freunde und halfen einander, aus dem brennenden Panzer herauszuklettern, die Georgier und die Russen sangen zusammen ukrainische Volkslieder, Kirgisen und Kasachen waren Brüder, Tadschiken und Usbeken tanzten auf dem Roten Platz in Moskau Kasatschok. Zusammen bildeten wir die Avantgarde der Menschheit, die den Kapitalismus überwunden hatte und volle Pulle in Richtung kommunistische Zukunft steuerte. Unsere kommunale Wohnung schien keine Grenzen zu haben, sie war jederzeit bereit, sich zu vergrößern, auch wenn wir dafür durch Wände gehen mussten, nichts schien unmöglich.

Unser grenzenloser Internationalismus fand in den vielen Volksliedern seinen Niederschlag, die Balladen mit internationalistischem Inhalt gehörten fest zum Liedgut mehrerer Generationen. In dem bekannten Lied »Donau«

zum Beispiel schmissen die Vertreter verschiedener Völker Blumen ins Wasser, oder gar ganze Sträuße, einfach so, weil sie gute Laune hatten. Und je weiter der Fluss strömte, desto mehr Blumen fanden sich zu einem multinationalen Kranz zusammen.

Blume zu Blume
Strauß zu Strauß
Unserer Erde entlang
Bürger der Welt
Findet heraus
Welche Blume von welchem Land
Lalalala, lalalalala

Laut diesem Lied hätte unsere sozialistische Donau die Blumen locker bis nach Kuba gebracht, wenn die Amerikaner sie nicht vorher wegen ihres Embargos aus dem Wasser gefischt, getrocknet und entsorgt hätten. Ein Freund von mir, der sich für sozialistische Folklore interessiert, meinte dazu, diese Blumen aus dem Lied seien keine Geste des Internationalismus, sondern eine Metapher für die aggressive imperialistische Politik der Sowjetunion. Die Blumen stünden allegorisch für sowjetische U-Boote. Doch meine Eltern haben das Lied gerne gesungen, ohne dabei an etwas Schlimmes zu denken.

Hinter dem Internationalismus innerhalb der Sowjetunion versteckte sich eine hinterhältige Ökonomie der sozialistischen Planwirtschaft. Diese Ökonomie legte fest, welche Waren und Güter in welcher Republik produziert und zu welchen Preisen verkauft werden durften. Moldau war für die Tomaten zuständig. Usbekistan für Baumwolle. Die russische Kernrepublik produzierte Autos. Moldau hätte auch gerne Autos produziert, damit hätten die Moldawier viel mehr verdienen können. Die Tomatenernte war wetterabhängig und aufwendig. Ein Kilo Tomaten durfte laut Planwirtschaft nicht teurer als 1 Rubel 50 Kopeken sein, ein Auto kostete 8000 Rubel und war schnell am Fließband zusammengeschraubt. Aber die Moldawier mussten Tomaten pflanzen.

Die Sowjetunion fiel 1991 infolge einer wirtschaftlichen Pleite und einer leichtsinnigen Politik auseinander. Die neue Führung unter Gorbatschow hatte im Zuge ihrer Perestroika-Politik die Türen aller Zimmerchen aufgemacht und glaubte tatsächlich, die Republiken würden freiwillig als gleichberechtigte Partner gerne weiter zusammenbleiben. Doch daraus wurde nichts. Die einstigen Nachbarn liefen von Russland weg, so schnell sie nur konnten. Die Geschwindigkeit, mit der sich die baltischen Republiken aus dem Staub machten, ohne wenigstens einmal Auf Wiedersehen zu sagen, beeindruckte und war gleichzeitig eine Einladung für die anderen Völker, sich ebenfalls unabhängig zu machen. Das Riesenreich Sowjetunion, dieser aus tausend Lappen zusammengeflickte Teppich, zerfranste immer weiter.

Nachdem die ehemaligen großen Republiken sich zu unabhängigen Staaten erklärt hatten, ging es weiter mit den kleineren autonomen Republiken des Kaukasus. Zwei Kriege musste Russland in Tschetschenien führen, fast die Hälfte der Bevölkerung umbringen und die Hauptstadt Grosny platt bomben, um den Tschetschenen die Idee der Unabhängigkeit auszureden. Seit dem Zerfall des Imperiums war kein Jahr friedlich vergangen. An beinahe allen neu entstandenen Grenzen entzündete Russland Kriege, um den ehemaligen Brüdern und Schwestern das Leben schwerer zu machen. Und überall eroberte Russland Teile der Nachbarländer, gründete dort provisorische, von niemandem außer Russland anerkannte Staaten und setzte eine Marionettenregierung an die Spitze. Ein Stückchen von Moldau wurde besetzt und »Transnistrien« genannt, Südossetien und Abchasien von Georgien getrennt, eine Halbinsel im Süden der Ukraine wurde annektiert und unter dem Motto »Die Krim ist unser« kurzerhand zu Russland erklärt, so wie die zwei weiteren Gebiete im Donbass, die vor dem russischen Angriff auf die Ukraine als nicht anerkannte Luhansker und Donezker Republik firmierten.

Eigentlich hat Russland sich mit diesem Krieg überfordert und vier Gebiete in die Verfassung reingeschrieben, zweimal so viel, wie besetzt wurden. Das ist, historisch gesehen, ein einmaliger Vorgang. In der Regel werden die Gebiete zuerst besetzt, kolonisiert, und dann wird deren Eroberung formal in irgendwelche Grundbücher des neuen Besitzers eingetragen, nicht umgekehrt. Die Eintragung nicht besetzter ukrainischer Gebiete in die russische Verfassung ist absurd, als würde der Bräutigam im Standesamt allein erscheinen und behaupten, er wolle eine Heiratsurkunde mit der Frau Sowieso haben, sie seien nämlich ein Paar, die Frau wisse bloß noch nichts davon. Im russisch-ukrainischen Fall sitzt die Braut sogar mit einem Maschinengewehr gleich neben dem Standesamt im Busch und wartet auf eine Gelegenheit, den Bräutigam kaltzumachen.

Die Nachbarkriege haben dazu geführt, dass Millionen Menschen ihre Häuser verlassen und wegziehen mussten, von einem Zimmer ins nächste, die Völkerwanderung innerhalb des zerfallenen Reiches nimmt mit jedem neuen Krieg zu. Durch den russisch-ukrainischen Krieg bin ich plötzlich reicher an Verwandtschaft geworden. Auf einmal schrieb mich ein Herr Kaminer, den ich vorher nicht kannte, auf Facebook an. Er war mit seiner Familie aus Luhansk nach Israel ausgewandert, nachdem die Russen seine Heimatstadt zerbombt hatten. Ich wusste vorher nicht, dass ich Verwandte in der Ostukraine habe. Herr Kaminer ist der Enkel des älteren Bruders meines Großvaters. Seine Oma, eine Russin, hatte während der deutschen Okkupation ihre Kinder als Russen in die Geburtsurkunde eintragen lassen, um ihnen das Leben zu retten. Jetzt aber musste der Nachkomme in Israel umgekehrt beweisen, dass er jüdischen Blutes ist, um dortbleiben zu dürfen. Ob wir in unserem Familienarchiv vielleicht irgendwelche Fotos und Dokumente hätten, die seinen Großvater als jüdisch ausweisen könnten, fragte er mich auf Facebook. Ich würde meine Mutter beauftragen, in den alten Fotokisten zu schauen, schrieb ich zurück, es könne aber dauern, Mama sei 91 Jahre alt und langsam. Kein Problem, antwortete Herr Kaminer sofort. Mama hat sich die Probleme der fernen Verwandtschaft sehr zu Herzen genommen, sie machte die alten Kisten auf und fand tatsächlich zu unserem Erstaunen alles Mögliche über den Bruder meines Großvaters, sogar Kopien von notariell beglaubigten Urkunden, wo schwarz auf weiß steht, dass er jüdisch war. Und Herr Kaminer durfte daraufhin in Israel bleiben.

Das kommunale Wohnen ist also schon lange Geschichte, die Völker leben nicht mehr zusammen, sondern jedes Volk für sich, sie bleiben aber trotzdem Nachbarn. Nicht alle Völker können umziehen. Also sind sie auf Ewigkeit verdammt, den schweren Charakter des ehemaligen Hauptmieters, seine imperialistische Rhetorik zu ertragen und immer auf der Hut zu sein. Mit der Zeit gewöhnt man sich an alles. Diese unfreiwillige Nachbarschaft hat sogar eine neue Form von Zwangsinternationalismus auf die Tagesordnung gesetzt. Sie funktioniert wie das Gebet der Anonymen Alkoholiker: Lieber Gott, gib mir die Gelassenheit, Dinge zu akzeptieren, die ich nicht ändern kann.

Selbst innerhalb der Russischen Föderation, jenseits der Kriege und annektierten Gebiete, lernte ich diesen Zwangsinternationalismus kennen. Im russischen Süden zum Beispiel, wo die Familie meiner Frau, vor dem Krieg aus Grosny geflüchtete Kosaken, lebt. Dort war der Fremde, der Andersgläubige, der nicht immer freundlich gestimmte Nachbar schon seit Urzeiten eine unvermeidbare Realität. Mindestens drei Dutzend Völker leben in den Bergen und Steppen des Nordkaukasus eng nebeneinander: Osseten, Tscherkessen, Russen, Ukrainer, Armenier, Inguschen, Kabardiner, Balkaren, Tschetschenen – Muslime, Christen, Zarathustra-Anhänger – Eingeborene und Zugezogene. Sie leben in Frieden, ohne einander besonders zu mögen. Ein Streit ist hier beinahe unmöglich. Der Berg an Vorurteilen und alten Rechnungen und die Verbreitung von Feuerwaffen, die in der Gegend beinahe zu jedem nationalen Kostüm dazugehören, sind einfach zu groß. Die kleinste Auseinandersetzung kann sofort die ganze Region in ein Blutbad verwandeln. Dazu kommt noch das berühmte kaukasische Temperament: Ein gequetschter Fuß in der Straßenbahn, ein unvorsichtiges Wort, eine freche Geste, und schon brennt die Luft. Deswegen sind dort alle Bewohner in einer mysteriösen Höflichkeit miteinander verstrickt, die oft stark überkandidelt wirkt. Selbst zu einem guten Bekannten sagt man hier nicht von hinten Guten Tag. Er könnte sich erschrecken und unangemessen reagieren.

Die beiden tschetschenischen Kriege haben noch mehr Waffen in den russischen Süden gebracht, die Grenze ist nicht einmal hundert Kilometer entfernt. Die Menschen sind an die Waffen als Maß aller Dinge gewöhnt, verwechseln aber Angst nicht mit gesunder Vorsicht. Ihre gemeinsame Erfahrung zeigt – die Internationalisten leben länger. Die Kriminalchronik in der regionalen Zeitung liest sich trotzdem wie ein Hollywoodschocker von Quentin Tarantino. Ein Mann geht am späten Abend mit seinem Hund Zigaretten holen, wird am Kiosk von einem anderen angesprochen, der behauptet, Rauchen sei ungesund. Der Verkäufer stellt sich dazwischen – mit dem Ergebnis: Drei Menschenleben wurden ausradiert und der Kiosk in die Luft gesprengt, nur der Hund überlebte, wird aber wahrscheinlich den Rest seines Lebens stottern.

Nach dem Zerfall der Sowjetunion in den Neunzigerjahren wurde diese nette Gemeinschaft zu einem beliebten Zufluchtsort für viele neue Minderheiten, die ihre Heimatorte wegen nationaler Konflikte verlassen mussten: Armenier aus Aserbaidschan, russische Kosaken aus Tschetschenien und sogar Kurden aus der Türkei tauchten hier auf. Das hat niemanden sonderlich beunruhigt, die nationalen Hintergründe zählen in der Gegend nichts, nur menschliche Eigenschaften wie Fleiß, Mut, Ehrlichkeit und so weiter. Der Süden war schon immer dünn besiedelt, dort fanden selbst im 17. Jahrhundert flüchtige Wehrpflichtige, Andersgläubige und Rebellen aller Couleur Unterschlupf.

Natürlich wurden die Neuankömmlinge jedes Mal von den Einheimischen geprüft. Bei den Kosaken aus Tschetschenien ging das ganz schnell. Die einheimischen Nachbarn kamen eines Abends zu den Geflüchteten und präsentierten ihre Jagdgewehre. Die Kosaken zeigten daraufhin mit bescheidenem Stolz, was sie aus Grosny alles mitgebracht hatten: AK-74, Vollautomatik, 600 Schuss pro Minute …

Danach redeten beide Seiten noch ein wenig über das Wetter und die Aussichten auf eine gute Ernte, wünschten einander ein friedliches Leben und eine ruhige Nacht. Auch die Armenier wurden respektiert, die Kurden zogen nach einiger Zeit weiter, wahrscheinlich waren ihre Waffen zu primitiv.

Erst 1995 wurde der heimliche Internationalismus auf eine harte Probe gestellt: als die Chinesen kamen. Diese Völkerwanderung brachte sogar die gelassensten Kaukasier etwas aus der Fassung. Die Chinesen kannte man bis dahin nur aus dem Fernsehen, wenn mal wieder darüber berichtet wurde, dass sie im Fernen Osten und in Sibirien bereits große russische Städte bevölkerten. Sie gründeten in der Taiga Landkommunen, fällten Bäume und verkauften das Holz nach China. Die rechten russischen Zeitungen schlugen Alarm: »Unser geliebtes Vaterland wird von China überrannt!« Im Süden hatte man Witze darüber gemacht; wenn etwas nicht funktionierte, hieß es: »Hast ja noch Zeit, bis die Chinesen kommen« – sprich: ewig. Aber plötzlich waren sie tatsächlich da.

Einige Chinesen pachteten die leer stehenden Felder der Kolchosen, versumpften die Erde mit Wasser und pflanzten Zwiebeln und Reis an. Die Einheimischen schimpften darüber. Das Wasser in der Gegend ist salzig und mineralhaltig, die Erde, die mit solchem Wasser verseucht wird, bringt zwei bis drei Jahre eine gute Ernte, ist danach aber auf mehrere Jahrzehnte unfruchtbar. »Die verfluchten Chinesen versauen unsere Erde«, regten sich die Einheimischen auf, »sie haben überhaupt keinen Bezug zum Boden.« Die Chinesen wollten aber auch keinen Bezug zum Boden entwickeln, sie pachteten einfach ein neues Stück Land, wenn das alte nichts mehr taugte. Ansonsten schufteten sie hart auf ihren Feldern – zwanzig Stunden am Tag, fleißig und konzentriert, alles per Hand, ohne jegliche Technik. Von den Jagdgewehren der Einheimischen zeigten sie sich ebenfalls unbeeindruckt.

Inzwischen ist die chinesische Gemeinde im Nordkaukasus eine feste Größe. Sie haben Kantinen und Läden aufgemacht, in denen sie alles – vom Werkzeug bis zu Lebensmitteln – verkaufen. Legal oder illegal, oft mit einem einzigen Pass für zwanzig Personen, leben sie dort. Die Beamten in den kaukasischen Behörden haben es noch nicht gelernt, sie voneinander zu unterscheiden. Und wenn die Ordnungshüter doch einmal persönlich bei den neuen Nachbarn vorbeischauen, werden sie mit Geld oder Waren geschmiert. Nach einer Weile haben sich die meisten Völker mit den Chinesen vertragen beziehungsweise abgefunden. Nur die Russen, besonders die jungen Männer, schimpfen nach wie vor auf sie. Weil die Chinesen ihre kurze Freizeit anscheinend nicht nur zum Schlafen und zur Erholung nutzen. Jedes Jahr werden in den Dörfern mehr chinesische Kinder geboren, im Volksmund verächtlich »Schlitzäuglein« genannt.

Eins mit der Natur

Martin Hyun

Vor einigen Jahren stieß ich auf eine wunderbare Geschichte über eine Mutter, die mit ihrem vier Monate alten Baby von Seoul nach San Francisco flog. Die Mutter hatte eine geniale Idee, um sich schon im Vorfeld bei ihren Mitreisenden für etwaigen Lärm zu entschuldigen. Sie verteilte rund 200 kleine Tütchen, gefüllt mit Süßigkeiten und Ohrstöpseln, und eine nette Botschaft: »Hallo, ich bin Junwoo, und ich bin stolze vier Monate alt. Heute fliege ich mit meiner Mama und meiner Oma in die USA, um meine Tante zu besuchen. Ich bin ein kleines bisschen aufgeregt und ängstlich, da dies mein allererster Flug ist. Es könnte also passieren, dass ich weine und ein bisschen Krach mache. Ich werde versuchen, leise zu sein, aber ich kann nichts versprechen. Tut mir leid dafür! Deshalb hat meine Mama diese Süßigkeiten und Ohrstöpsel vorbereitet. Bitte benutze sie, wenn ich zu laut werde. Ich wünsche dir einen angenehmen Flug! Vielen Dank!« Die Mutter bewies mit diesem Akt der Freundlichkeit und der Rücksichtnahme, dass es sich lohnen kann, die Herzen der Menschen zu berühren. Wenn Nachbarn sich mit solch einer Freundlichkeit und Rücksichtnahme begegnen würden, wäre die Welt ein paradiesischer Ort. Der berühmte chinesische Philosoph Laotse wusste schon: »Große Taten bestehen aus kleinen Gesten.« Zu jedem Ying gibt es ein Yang.

Neben rücksichtsvollen Sitznachbarn gibt es auch solche, die die Landung kaum erwarten können und am liebsten selbst die Flugzeugtür entriegeln würden, um als Erste aus dem Flugzeug zu steigen. In einer absolut haarsträubenden und unfassbaren Aktion hat ein koreanischer Passagier auf einem Asiana-Airlines-Flug nach Daegu in Südkorea absichtlich den Notausgang des Flugzeugs geöffnet. Die Maschine mit fast 200 Passagieren an Bord befand sich gerade im Landeanflug, als sich dieses absurde Drama abspielte. Manchmal frage ich mich, was in den Köpfen solcher Menschen vorgeht. Da ist ein Ryanair-Partyflug nach Ibiza mit Hunderten von alkoholisierten, tatsächlich rauchenden und grölenden Passagieren ein Spaziergang dagegen. Trotzdem wurde mal einer Partygesellschaft aus kanadischen Influencern und Reality-TV-Sternchen, die sich ebenso feierwütig in einem Flugzeug gezeigt hatten, die Weiterbeförderung aus Sicherheitsgründen verweigert. Das Leben eines Influencers ist eben nicht immer nur Jetset und Champagner – manche von ihnen müssen ihre Manieren auf die harte Tour lernen.

Ich bin ein Fan der Sendung »Die strengsten Eltern der Welt«. Schwer erziehbare und rebellische Jugendliche kommen in eine völlig andere Umgebung, in der strenge Regeln und Disziplin herrschen. Nach der Ankunft und einer herzlichen Begrüßung setzt man sich an einen Tisch, um die Hausregeln und die in sie gesetzten Erwartungen zu besprechen. Oft wird das Gepäck von der Gastfamilie durchsucht, um alkoholische Getränke, Zigaretten oder andere Drogen zu beschlagnahmen. Die Spannung entsteht aus der Ungewissheit heraus, ob die Teenager sich anpassen können und welche Veränderungen sie durchmachen werden. Nach einer Phase des Widerstands akzeptieren und befolgen die Jugendlichen aber meistens die neuen Regeln.

Wie sähe es wohl aus, wenn man Nachbarn in einer für sie fremden Umgebung »transformieren« könnte wie die Jugendlichen in dieser Show? Zu Beginn würden die Nachbarn noch aufheulen wie verletzte Kätzchen und ihren Freiheitsverlust beklagen. »Die strengsten Nachbarn der Welt« würden natürlich kein Erbarmen zeigen und jegliche Versuche, nachts die Wände mit Schlagzeugkonzerten zu erschüttern, rigoros unterbinden. Nach einigen Wochen dann die Kehrtwende: Aus den wilden, lärmenden Menschen wären sanfte Nachbarn geworden. Am Ende der Sendung würden sie wie ausgewechselt zurückkehren in ihre Wohngemeinschaft. Und wenn sie nicht gestorben sind, dann wohnen sie noch heute – in einer Harmonie, die so angenehm ist, dass selbst die Vögel im Baum anfangen, synchron zu zwitschern.

Apropos Vogelgezwitscher: Mein Vater hielt nie viel von Campingurlaub. Er kann nicht verstehen, warum man sich freiwillig auf einem harten Zeltboden rumquälen soll. Schließlich wuchs er zu einer Zeit auf, als Südkorea noch unter der Herrschaft der Japaner litt und dann auch noch der Koreakrieg hinzukam. Da hatte er genug Nächte auf dem Boden verbracht, um ein ganzes Leben davon zu zehren. »Kein Licht, kein Strom, kein fließendes Wasser – kenne ich gut genug. Deshalb weiß ich den Luxus eines Bettes zu schätzen und werde sicher nicht freiwillig auf dem kalten Boden schlafen, nur um Camping zu machen oder eins mit der Natur zu sein!« So reagierte er immer, wenn ich ihn fragte, warum wir nie wie die anderen Kinder campen fuhren. Diese Abenteuerlust, Berge zu erklimmen oder im Einklang mit der Natur zu sein, hat mein Vater mir früh ausgetrieben. Als südkoreanischer Einwanderer meinte er wohl, dass das Leben schon genug Abenteuer für uns bereithielt und wir oft genug auf dem harten Asphalt der Realität landeten. »Keine Zeit für Camping und Wandern, mein Sohn! Wir haben hier genug Berge zu bewältigen, glaub mir!«

Umso mehr beeindruckt mich heute der nimmersatte Abenteuerhunger meiner deutschen Freunde. Da gehen sie doch tatsächlich für mehrere Tage auf Musikfestivals und hausen dicht an dicht mit anderen in diesen kleinen Zelten, in denen man jedes noch so kleine Geräusch vom Nachbarn mitbekommt. Da wird jede Schnarcherei und jede Pupserei zum Gemeinschaftserlebnis. Auch wenn es mittlerweile sogenannte Green-Campingplätze gibt, auf denen eine geregelte Nachtruhe herrscht, Bluetooth-Lautsprecher verboten sind und auf eine strenge Mülltrennung geachtet wird.

Danis Bekannte Monika ist in vierter Generation stolze Camperin. »Campen ist so was Wunderbares! Stell dir vor, du wachst morgens auf und dein Zelt ist vom Morgentau bedeckt. Es ist wie ein VIP-Besuch im eigenen kleinen Natur-Spa. Und diese Geräusche! Das Zwitschern der Vögel und das Rascheln der Bäume«, schwärmt sie immer, wenn sie über ihren Urlaub berichtet. Für mich ist Camping so etwas wie ein Obdachlosensimulator für wohlhabende Menschen. Schon während meiner Internatszeit in den Adirondack Mountains lehnte ich höflich ab, wenn die Klassenkameraden von der Outdoor-AG fragten, ob ich Lust hätte, mit in die Berge zu fahren.

»Komm schon, es wird superlustig sein! Wir können angeln, Lagerfeuer machen, Berge erklimmen und den Sternenhimmel betrachten«, versuchten sie mich zu überzeugen.

»Nein danke! Ich bleibe gerne auf dem Boden der Tatsachen. Ich bin ein bekennender City Slicker!«, antwortete ich auf ihre Einladung.

Als bekennender Stadtmensch habe ich eine spezielle Beziehung zur Natur. Ich schätze sie aus der Ferne und muss nicht eins mit ihr werden. Im Oktober 2003 wurde der berühmte amerikanische Grizzlyforscher Timothy Treadwell in seinem Zelt von einem hungrigen Grizzlybären zu einem furchteinflößenden Mahl geladen. Seine Freundin teilte das gleiche Schicksal. Der Grizzly wollte sich anscheinend mit einem reichhaltigen Festmahl für den bevorstehenden Winterschlaf wappnen. Es sind genau diese Geschichten, die mich davon abhalten, irgendwo in der Wildnis zu übernachten. Ich ziehe es definitiv vor, nicht im Magen eines Grizzlybären zu enden.

Doch als Monika von ihrer Leidenschaft fürs Campen erzählte, wurde in mir ein kleines Flämmchen der Neugier entfacht. Sie schwärmte davon, dass Camper meist offene und tolerante Menschen seien. Das klang schon mal vielversprechend. Ich muss gestehen, dass ich mich dabei erwischte, wie ich in meiner Freizeit über Campingurlaub recherchierte und mich sogar mit den berühmt-berüchtigten No-Gos auseinandersetzte. Da war zum Beispiel die Sache mit dem Frischwasserschlauch, der einfach nicht dafür da ist, den WC-Kanister auszuspülen. Klingt ein bisschen wie ein absurdes Experiment aus der Camping-Chemie. Bei Google Play lud ich mir »Park4Night« herunter. Die App ist ein Stellplatzfinder für Camper. Und dann stieß ich bei meiner Recherche auf einen Dokumentarfilm über Mobilisten und Dauercamper in Brandenburg. Darin gab es eine Frau, die ein T-Shirt der Grünen-Partei trug, als ob sie im Wald die Welt retten wollte. Und dann wurde dieser Mann interviewt. Er sagte tatsächlich: »Hier ist eine gute Mischung. Wir sind quasi migrantenfrei! Ich habe hier noch nie jemanden gesehen, der Türke, Syrer oder Chinese sein könnte, zumindest äußerlich. Hier herrscht eine eigene Kultur!« Da erlosch mein kleines Flämmchen der Begeisterung gleich wieder. Denn das war definitiv nicht die Art von Campingplatzatmosphäre, die ich mir ursprünglich vorgestellt hatte.

Das tragische Ende des Grizzlyflüsterers Timothy Treadwell erinnerte mich an eine verrückte Episode mit meinem kuriosen Nachbarn, der an einem kalten und grauen Abend in Berlin spurlos verschwand. Aber der Reihe nach. Es war einer dieser Tage, an denen meine Arbeit mich so sehr beanspruchte, dass ich völlig entkräftet nach Hause kam. Ich schob mein Fahrrad durch die Haustür, und plötzlich rannte ich direkt in meinen Nachbarn, der unter uns in der dritten Etage lebte. Dieser Typ war wirklich ein Unikat. An vielen Abenden konnte ich sein lautes Geschrei hören, obwohl er allein wohnte. Ich fragte mich immer, mit wem er sich da anlegte – vielleicht hatte er ja einen imaginären Zimmernachbarn.

»Ich bin ein Bandido, hörst du?! Pass auf, was du sagst!«, brüllte er seinem unsichtbaren Nachbarn zu. Dann folgte eine kurze Pause, bevor einige Holzregale in seinem Apartment geräuschvoll zu Bruch gingen, gefolgt von noch mehr Geschrei.

»Ich habe es dir gesagt, ich bin ein Bandido!«, schallte es ohne Unterlass durch den Boden.

Bei all dem Krach war ich mir sicher, dass er ein Interior-Design-Influencer sein musste, der jeden Abend einen Stresstest mit sämtlichen Möbelfabrikaten durchführte – auf der Suche nach Haltbarkeit und Ästhetik. Er gehörte wohl zu einer elitären Kaste, die ihr Zuhause zum Geschäft gemacht hatte.

Manchmal klopfte der Nachbar stundenlang an seine eigene Wohnungsdecke, weil er behauptete, wir seien zu laut, und das zu Uhrzeiten, wo keiner von uns zu Hause war. An einigen Tagen stand er klopfend vor unserer Wohnungstür und klingelte Sturm, bis wir aufmachten. Sichtlich erbost, fragte er uns, warum wir ständig unsere Möbel rückten und umherschöben. Ich versicherte ihm, dass wir uns zu den angeblichen Störzeiten nicht in der Wohnung befunden hätten, dass hier außer Dani und mir niemand anderes lebte – bis auf ein paar Stofftiere vielleicht, die in unserer Abwesenheit aber sicherlich nicht zum Leben erwachten und Möbel hin und her schoben.

Zurück zu unserer Begegnung im Hausflur. Nun stand ich also vor dem Interior-Design-Influencer. Das war meine Chance. Ich konnte nicht länger schweigen und fragte ihn, was in aller Welt sein Problem mit uns sei. Er stotterte herum und wusste wohl selbst nicht so recht, was er darauf antworten sollte. Es war ein kurzer Moment der Stille, aber dann fing er an zu reden. Er zog seinen Schlüsselbund aus der Hosentasche und begann, ihn vor meinen Augen hin- und herzuschwingen. »Schau, dieser eine Schlüssel – es ist der einzige zu meiner Wohnung! Aber glaub es oder nicht, ständig sind da Leute drin, die ich nicht kenne. Sie drehen die Musik so laut auf, dass selbst die Wände zittern. Einmal hab ich sogar einen Typen entdeckt, der aussah wie ich und meine Klamotten trug! Der hat mir wirklich Ärger eingebracht – wegen ihm landete ich tatsächlich im Knast!«, erzählte er. An einem anderen Tag hätten die ungebetenen Gäste ihn sogar in einen Käfig gesperrt und neugierig angestarrt, als wäre er ein außerirdisches Wesen. »Die Bullen haben meine komplette Wohnung verwanzt und Mikrofone eingebaut, um mich abzuhören. Seitdem höre ich Stimmen! Die wollen mich fertigmachen!«, fuhr er fort.

Ich stand da, wie vom Blitz getroffen. Anscheinend stritt er sich, um es diplomatisch auszudrücken, mit Sonderformen akustischer Sinnestäuschungen.

Dann zeigte er auf einen Aushang am Schwarzen Brett, wo die Sachbearbeiterin für Mieterfragen ihre Kontaktinformationen hinterlassen hatte. »Schau nur, die Sachbearbeiterin von der Hausverwaltung steckt mit der Sparkasse unter einer Decke und plant, mein ganzes Erspartes zu klauen! Eine wilde Verschwörung ist im Gange!«

Ich nickte verwundert, aber zugleich fasziniert.

»Du musst aufpassen!«, warnte er mich.

Ich beschloss, mich höflich zu verabschieden, und schob mein Fahrrad in den Hof. Tief aufatmend, stieg ich die Treppen zu unserer Wohnung hinauf und dachte: Mensch, diese Berliner Grasqualität – die müssen dringend den THC-Gehalt im Cannabis reduzieren! Und Oxytocin sollte wieder als Nasenspray verkauft werden!

Manche Menschen haben mehr Fantasie als ein ganzer Haufen Hollywooddrehbuchautoren. Und eins ist sicher, mit so einem Nachbarn wird es nie langweilig. Doch seit unserer zufälligen Begegnung im Hausflur sah und hörte ich ihn nie wieder. Über ein ganzes Jahr stand seine Wohnung leer. Es schneite und regnete in das offene Küchenfenster hinein. Einmal scherzte ich mit Dani, dass er vielleicht in einer Geheimkammer stecke oder zersägt in einer verstaubten Gefriertruhe liege. Wir leben schließlich in Berlin – hier kann man nie wissen. Also informierte ich die Hausverwaltung, und einige Monate später brachten die entrümpelnden Arbeiter Licht ins Dunkel: Der Interior-Design-Influencer-Nachbar war in einer psychiatrischen Klinik gelandet. Die Arbeiter erzählten mir, dass er mit einer Kettensäge auf einen Passanten losgegangen war, weil er geglaubt hatte, dass alle Menschen ihn umbringen wollten. »Schizophrenie« nennt man das.

Nun, einerseits war ich erleichtert, dass er nicht zerstückelt in einer Gefriertruhe lag. Andererseits freute ich mich, dass wir alle noch lebten und unser ganz normal verrücktes Großstadtleben weiterging.

Macheten-Oleg

Martin Hyun

Neulich besuchte ich eine Buchhandlung im Kiez, um zu sehen, wer im Regal meine literarischen Nachbarn sein könnten. Ich stieß auf Autorinnen wie Dörte Hansen, Elizabeth Haran oder Nino Haratischwili – eine hervorragende literarische nachbarschaftliche Gesellschaft. Immer wenn ich in einer Buchhandlung bin, schaue ich auch nach, ob sie den Klassiker »Walden oder Leben in den Wäldern« von Henry David Thoreau im Sortiment haben. Es ist eines meiner Lieblingsbücher. Der amerikanische Schriftsteller und Philosoph lebte etwas mehr als zwei Jahre in einer selbst gebauten 15-Quadratmeter-Blockhütte am Waldensee in Massachusetts. Seine Intention beschrieb er wie folgt: »Ich zog in den Wald, weil ich den Wunsch hatte, mit Überlegung zu leben, dem eigentlichen, wirklichen Leben näherzutreten, zu sehen, ob ich nicht lernen konnte, was es zu lehren hatte, damit ich nicht, wenn es zum Sterben ginge, einsehen müsste, dass ich nicht gelebt hatte. Ich wollte nicht das Leben, was nicht Leben war; das

Leben ist so kostbar. Ich wollte tief leben, alles Mark des Lebens aussaugen, so hart und spartanisch leben, dass alles, was nicht Leben war, in die Flucht geschlagen wurde.«

Thoreau hat zwar seinen eigenen kleinen Waldpalast gehabt, aber der war praktisch einen Katzensprung von seinem Elternhaus entfernt. Er war also nicht komplett von der Gegenwart und dem damit verbundenen Komfort entkoppelt, sondern pendelte gelegentlich zum Elternhaus. Dort wurde er verköstigt, und die Mutter wusch ihm seine Wäsche. Der Mensch ist nicht dafür geschaffen, allein zu leben. Es liegt in unseren Genen. Wir brauchen die Gemeinschaft, egal wie viele Daseinsexperimente die Menschheit noch führen wird: ob in einem Tiny House, allein auf hoher See, in einem Baumhaus, auf dem Mars, im Hausboot oder Minivan, in einer Waldhütte oder Jurte. Es gibt viele erfolgreiche Filme über die Einsamkeit, beispielsweise »All Is Lost«, in dem Robert Redford als schiffbrüchiger Segler auf dem Indischen Ozean ums Überleben kämpft. Oder »Into the Wild« über den Aussteiger Christopher McCandless, der allein in der Natur sein Glück sucht, ebenso wie »Cast Away – Verschollen« mit Tom Hanks in der Hauptrolle, der als FedEx-Mitarbeiter auf einer abgelegenen Südseeinsel strandet und vier Jahre lang ums Überleben kämpft. All diese Filme sind Denkzettel, die uns daran erinnern, wie knifflig das Alleinsein sein kann.

In einem meiner Träume fand ich mich plötzlich auf der Bühne des italienischen Musikprojekts Mo-Do wieder. Als hätte ich eine Zeitreise in die Neunzigerjahre unternommen, stand ich dort gemeinsam mit der Band und sang ihren unvergesslichen Dance-Hit »Eins, zwei, Polizei«. Aber wir verpassten dem Song eine verrückte Gothic-

Metal-Wendung. Nach dem »Eins, zwei« wurde »Polizei« förmlich ins Mikrofon geschrien, als ob wir versuchten, irgendwelche Polizeisirenen zu übertönen. Die Zuschauer tobten, während wir das chaotische Rhythmusexperiment immer und immer wieder wiederholten.

Doch plötzlich drangen echte Martinshörner in meinen Traum ein, als würde die Grenze zwischen Traum und Realität verschwimmen. Es erklang ein einzelner tiefer Bass. Eine unbekannte Stimme aus der Menge schrie: »Halt's Maul, du Arschloch!« Das Publikum im Konzertsaal erstarrte, als hätte es auf diesen genialen Moment gewartet, kurz darauf hörte man eine Lachsalve. Anschließend, als ob das Chaos perfekt choreografiert worden wäre, folgte – völlig aus dem Takt – der musikalische Einsatz: »Polizei! Polizei!« Die Sirenen der Polizei heulten auf und wurden immer lauter, und inmitten dieser wilden Kakofonie entstand plötzlich ein Moment der Harmonie – nacheinander gesellte sich Martinshorn zu Martinshorn. Aus dem Solo wurde ein Duett, Terzett und schließlich ein Quartett. Das Ganze klang so unglaublich real, dass ich schließlich aus meinem Traum erwachte. Mein Herz raste, und ich realisierte, dass ich nicht mehr mit Mo-Do auf der Bühne war. Ich stand auf und ging ans Küchenfenster, um zu schauen, wo der Lärm herkam. Dort sah ich, wie eine Hundertschaft Polizisten den Innenhof mit ihren Taschenlampen beleuchtete. Anscheinend war es mal wieder Zeit für eine Weddinger Disconacht.

Nach einer Weile führte die Polizei eine Person ab. Eine andere wurde auf einer Trage von Rettungssanitätern abtransportiert. Am nächsten Morgen las ich in der Zeitung: »Macheten-Mann geht auf Lebensgefährten los«. Nachdem der Interior-Design-Influencer dauerhaft in der Psychiatrie gelandet war, sorgte also nun Oleg aus dem zweiten Stock für Schlagzeilen. Mir war neu, dass er mit seinem Lebensgefährten die Wohnung teilte. Er hatte mir immer davon erzählt, dass er mit seinem Bruder dort lebte. Er trank zwar etwas viel und war oft schon gegen Mittag betrunken, randalierte aber nicht. In den vielen Jahren, die wir nun hier wohnten, war er stets als höflicher und freundlicher Nachbar in Erscheinung getreten.

Ich traute meinen Augen nicht, als ich in der Zeitung las, dass Oleg seinem Lebensgefährten mit einer Machete Schnittverletzungen am Kopf und an der Wange zugefügt haben sollte. Am Tag des Geschehens hatten er und ich uns noch kurz im Innenhof unterhalten. Er war wie immer stark angetrunken und sehr redselig. Oleg fragte mich nach meiner Herkunft.

»Krefeld«, antwortete ich ihm.

»Nein, nein. Deine richtige Herkunft!«, bohrte er nach.

»Korea.«

»Sei stolz darauf, Mann! Lass es raus! Sei frei!«, sagte Oleg, der aus Sankt Petersburg stammt.

Zu dem Zeitpunkt war mir nicht klar, warum es ihm so wichtig war, meine Herkunft zu hinterfragen. Nach dem Zeitungsartikel verstand ich, dass Oleg Probleme hatte, sich zu seiner Homosexualität zu bekennen. Außer dass er bei unserem Zusammentreffen stark angetrunken wirkte, war mir nur aufgefallen, dass er einige Fast-Food-Lieferanten an der Eingangstür abgefangen hatte und ihnen die Bestellungen abkaufen wollte, unter anderem auch unsere Sushi-Lieferung. Nach unserem kurzen Austausch ging Oleg wieder in seine Wohnung.

Sämtliche Medien berichteten über Macheten-Oleg. Selbst www.queer.de schrieb am Ende: »Wie es jetzt um die Beziehung der Streithähne steht, teilte die Polizei nicht mit.« Vielleicht gab es noch eine kleine Chance für die Liebe nach dem Machetenangriff.

Einige Tage später traf ich Macheten-Oleg wieder im Innenhof an. Ich grüßte ihn. Verschämt grüßte er zurück. Ein älterer Nachbar, der gegenüber von Macheten-Oleg lebt, kam zufällig dazu. Er grüßte uns beide und sagte zu Oleg: »Hey, Oleg! Dein Talent wird gebraucht: an der Front! Um 11:35 Uhr fährt ein Bus ab Messedamm/ZOB in die Ukraine!« Ich verkniff mir das Lachen, schließlich wollte ich nicht auch noch mit Macheten-Olegs Schnitzkunst Bekanntschaft machen.

Wie verhält man sich, wenn in der Nachbarschaft ein Macheten-Oleg oder psychisch kranke Nachbarn wohnen, die einem das Leben zur Hölle machen? Gibt es nur die Möglichkeiten, Tatbestände für eine Anzeige zu sammeln, den Sozialpsychiatrischen Dienst zu kontaktieren, auszuziehen oder einfach selbst zum größeren Psychopathen zu mutieren? Klaus Kinski hätte bestimmt gesagt: »Schlechtes Benehmen halten die Leute doch nur deswegen für eine Art Vorrecht, weil ihnen keiner aufs Maul haut.« Die Anwendung von Gewalt ist jedoch keine Option. Wäre es da nicht sinnvoll, bereits bei der Wohnungsbesichtigung beim Nachbarn zu klingeln, um bei einem kleinen Small Talk rauszufinden, ob das Leben hier harmonisch verläuft? Mit der harmonischen Nachbarschaft ist es wie mit einer Beziehung – zur Lebensqualität müssen alle ihren Beitrag leisten.

Mein Bekannter Heiner hat mir mal von seinem Nachbarn erzählt, der ihn, wenn er in seiner Küche stand, vom gegenüberliegenden Balkon auf der anderen Straßenseite aus grüßte. Es wurde zu einer Art Routine. Das gegenseitige Salutieren wie beim Militär war schließlich eine Geste der nachbarschaftlichen Verbundenheit. Heiner dachte sich nichts dabei. Eines Tages klingelte es an seiner Wohnungstür. Eigentlich erwartete Heiner keinen Besuch. Er vermutete einen Paketboten, also ging er an die Gegensprechanlage und fragte, wer vor der Tür sei.

»Ich bin's, der Nachbar von gegenüber!«, antwortete eine raue und kratzige Stimme, als hätte die dazugehörige Person einen Kaktus verschluckt. Die Stimme ließ Heiners Nackenhaare zu Berge stehen.

»Ja, und was willst du?«, fragte er.

»Na, ich will dich kennenlernen. Wenn wir uns schon aus der Ferne immer so nett grüßen!«, erklärte der Nachbar.

»Das ist keine so gute Idee. Lass uns die nachbarschaftliche Distanz wahren. Ich wünsche dir noch einen schönen Abend!«, erwiderte Heiner, der die Situation ziemlich creepy fand.

Am nächsten Tag, als hätte er bereits auf Heiner gewartet, grüßte der Nachbar wieder vom gegenüberliegenden Balkon. Dieses Mal beschloss Heiner, den Gruß nicht zu erwidern und ihn zu ignorieren – eine Art nachbarschaftlicher Liebesentzug.

Am folgenden Tag klopfte es an Heiners Wohnungstür. »Ich bin's, der Nachbar von gegenüber!«, machte sich die raue und kratzige Stimme bemerkbar.

»Was willst du? Ich habe dir doch gesagt, dass ich kein Interesse habe an einem persönlichen Kennenlernen! Was verstehst du daran nicht? Verzieh dich!«, rief Heiner energisch hinter der Tür.

»Warum gibst du uns keine Chance?«, entgegnete der Nachbar hörbar enttäuscht.

»Nein! Es gibt keine Chance für mich und dich! Und jetzt sieh zu, dass du Land gewinnst, sonst rufe ich die Polizei!«

Nachdem Heiner eine Stunde lang keine weitere Wortmeldung von seinem Nachbarn gehört hatte, verließ er die Wohnung, um einkaufen zu gehen. Doch gleich an der Treppe saß der Nachbar.

»Wenn du nicht in einer Minute verschwunden bist, rufe ich die Polizei!«, schrie Heiner ihn an.

Der Nachbar verstand und zog von dannen.

Am nächsten Tag saß der Nachbar zwar nicht mehr im Treppenhaus vor Heiners Wohnungstür, aber dafür zusammengekauert vor der Haustür.

Heiner hatte die Nase voll und alarmierte die Polizei, die nach einer Stunde eintrudelte. Die Beamten eskortierten den Nachbarn zurück in seine Wohnung und teilten Heiner danach mit, dass dieser aktenkundig und der Sozialpsychiatrische Dienst bereits eingeschaltet sei. Da der Nachbar keine unmittelbare Gefahr für die öffentliche Sicherheit darstellte, die die Unversehrtheit des Lebens, der Gesundheit, Ehre oder Freiheit beinhaltet, konnten sie nichts machen. Die Polizei erklärte Heiner, dass der Nachbar Fenster einschmeißen oder die Wohnung in Brand setzen müsse, bevor man ihn in eine psychiatrische Klinik einweisen könne.

Seit dem glorreichen Auftritt der Ordnungshüter blieb der Nachbar Heiners Tür fern. Kein fröhliches Winken vom Balkon, keine Überraschungsbesuche mehr. Stattdessen wurden die Fenster zu Leinwänden für schräge Gedanken wie »Warum?« oder »Liebe ist alles!« – wahrscheinlich seine Art, mit dem Scheitern der Kontaktaufnahme umzugehen. Heiner, der aus dieser Begegnung seine Lektion gelernt hatte, beschloss, einen radikalen Kurs einzuschlagen. Er wollte sich fortan wie ein Einzelgänger im Haus verhalten. Keinen Gruß, keinen Small Talk mehr – er hatte schließlich seine Lehre aus diesem Balkonwahnsinn gezogen.

Und Macheten-Oleg? Ihn sah ich vor einigen Tagen, wie er um sieben Uhr in der Früh mit einem Reisekoffer hastig die Wohnung verließ. Seither bin ich ihm nicht wieder begegnet. Niemand weiß, wohin er verschwunden ist. Es scheint, als hätte Macheten-Oleg den Ratschlag unseres Nachbarn befolgt und wäre tatsächlich mit dem Flixbus an die Front gefahren.

Der Doppelgänger

Wladimir Kaminer

Seit beinahe dreißig Jahren bereise ich unermüdlich Deutschland, in Tausenden kleinen Hotels habe ich mich ins Gästebuch eingetragen. »Ein schöner Ort zum Ausschlafen«, schreibe ich rein. »Ein fantastischer Ausblick, großartige Frühstücksbrötchen. Nette Rezeptionisten, ich komme gerne wieder.« Was soll man sonst reinschreiben in diese Hotelbücher? Ich fahre und ich schreibe, jedes Jahr kommen neue Städte dazu, ich war schon in Lamspringe, in Au und Waldbröl, aber noch nicht in Gevelsberg und Grimmbach. Auch dort leben kulturinteressierte Menschen, ein neugieriges Publikum wartet auf mich. Diese Fahrten sind längst keine Reisen mehr für mich, sie fühlen sich an, als würde ich in ein und demselben Hotelzimmer sitzen, während die deutsche Kulturlandschaft an meinem Fenster vorüberzieht. Mal sind es Berge und mal Täler, Steppen oder Wald, ab und zu sehe ich durchs Fenster Wasser: kleine Seen mit Enten oder große Flüsse mit Schiffen. Die Namen der Städte und der Hotels sind für meine

Tätigkeit als reisender Geschichtenerzähler nicht ausschlaggebend, oft weiß ich nicht einmal, wo ich gerade bin, ob ich hier schon mal war und wer vor mir da war. Ich schreibe zwei Zeilen ins Gästebuch und fahre weiter.

»Ich kenne Sie!«, sagte mir neulich die Rezeptionistin, eine gefühlt hundertjährige Frau im Hotel »Zum einsamen Schwan« in Walluf-Niederwalluf im Rheingau-Taunus-Kreis.

»Ach ja, woher denn? War ich schon mal hier?«, fragte ich.

»Nein, das nicht, aber meine Mutter mag Ihre Geschichten«, knisterte die alte Hexe. »Schreiben Sie uns was Schönes ins Gästebuch?«, hakte sie nach und holte ein altes, verstaubtes Album aus der Schublade.

Ich zückte den Kugelschreiber, »ein schöner Ort zum Ausschlafen« konnte ich inzwischen mit geschlossenen Augen schreiben.

»Sie sind nicht der erste prominente Gast in unserem Haus«, die hundertjährige Tochter von der Frau, die meine Geschichten mochte, blätterte das Gästebuch zurück. In der Tat, wir waren zu zweit. »Ein schöner Ort zum Ausschlafen«, hatte ein höflicher Mann 1993 ins Buch geschrieben. Das Foto sagte mir nichts.

»Wer ist denn das?«, fragte ich die Dame.

»Mann!« Sie schaute mich verwundert an. »Martin Mann!«

Betretenes Schweigen breitete sich im Raum aus. Äh?

»›Meilenweit musste ick gehen‹, Schlagersänger!«, rief mir die Empfangsdame zu. Ich nickte. Na klar, meilenweit musste er gehen, um in Walluf-Niederwalluf anzukommen und sich im Gästebuch des »Einsamen Schwans« zu verewigen. Wie viele Gästebücher hatte er in seiner kurzen, aber spritzigen Karriere beehrt, bis er endgültig in Vergessenheit geraten war? Ich mochte nirgendwo endgültig ankommen, der Weg war das Ziel, so dachte ich leichtsinnig, bis eines Tages etwas Merkwürdiges passierte.

»Wann wollen Sie morgen frühstücken, Sie wissen hoffentlich noch, wie Sie zum Frühstücksraum kommen?«, fragte mich die freundliche Rezeptionistin, als ich in einem Hotel in Grimmbach ankam.

»Nein«, antwortete ich, »woher soll ich das denn wissen, ich war doch noch nie hier, oder?«

»Sie sollten das von Ihrem letzten Besuch wissen«, meinte die Rezeptionistin. Laut ihrem Hauscomputer hatte ich bereits vor zweieinhalb Jahren hier in Grimmbach eine Nacht verbracht. Ich war mir ziemlich sicher, zum ersten Mal Grimmbach zu besuchen, schaute aber für alle Fälle in meinem Kalender nach, um mich zu vergewissern. Die Leseveranstaltungen hinterlassen immer einen Abdruck im Internet, der auch nach Jahren nicht verhallt. Laut meinem Kalender war ich jedoch das erste Mal hier. »Darf ich die Buchung sehen?«, bat ich die Frau, ich sorgte mich. Tatsächlich schien jemand sich vor zweieinhalb Jahren unter meinem Namen in dem kleinen Hotel eingetragen zu haben, mit meiner Adresse und dem richtigen, also meinem Geburtsdatum. Er hatte sich sogar im Gästebuch des Hotels verewigt, »ein schöner Ort zum Ausschlafen«, hatte er in krakeliger Schrift geschrieben, »ein fantastischer Ausblick, tolle Brötchen, sehr nette Empfangsdamen«. Er hatte dann mit einer Kreditkarte (Gott sei Dank nicht mit meiner) bezahlt und war am nächsten Morgen abgereist.

Ich war baff, sprachlos, verwirrt. Jemand reiste durch Deutschland unter meinem Namen. Wieso? Was wollte der Fremde damit bezwecken? Was war seine Botschaft? Eigentlich ein Betrugsdelikt, obwohl für mich bisher keine finanziellen Nachteile dadurch entstanden waren. Noch nicht. Solange der Fremde keine Geschichten schrieb, sie als meine ausgab und an die Verlage schickte.

Die ganze Nacht in Grimmbach konnte ich nicht einschlafen. Meilenweit musste ick gehen, um in Grimmbach zu erfahren, dass ich möglicherweise nicht ich bin. Am Morgen schien mir der fantastische Ausblick öde, die Frühstücksbrötchen schmeckten nicht, und sogar die Rezeptionistinnen kamen mir nicht mehr so nett vor. Woher wusste dieser Fremde überhaupt, was ich in die Gästebücher reinschreibe? Meine Freunde rieten mir, zur Polizei zu gehen. »Mann!«, sagten sie. »Du solltest Anzeige erstatten. Dir wurde deine Identität geklaut. Jemand anderer benutzt sie und schreibt in die Hotelgästebücher belanglose blöde Sprüche rein. Es ist nur eine Frage der Zeit, bis dieser Jemand unter deinem Namen Verbrechen begeht, Hotelzimmer verwüstet, möglicherweise beim Frühstück randaliert.«

Dieses traumatische Erlebnis in Grimmbach hatte mich aus meiner Reiseroutine wachgerüttelt, auf einmal wurde mir klar, dass mir möglicherweise doch etwas fehlte, etwas Wichtiges abhandengekommen war, ein Teil meines Ichs, vielleicht der beste Teil, den ich in der Zukunft unbedingt brauchte, ohne den ich meine Reisen unmöglich fortsetzen konnte. In jeder neuen Stadt, kaum angekommen, fragte ich nun die Rezeptionistin, ob ich hier schon einmal gewesen sei, und wenn ja, wann. Ich verglich die Daten mit meinem Privatkalender. Und siehe da, ich fand diesen anderen Kaminer tatsächlich mehrmals, einmal war er in Plauen, ein andermal in einem kleinen Kaff bei Regensburg, wo ich sogar selbst Schwierigkeiten hatte, die Pension zu finden: »Das weiß gepinselte rote Haus an der Ecke« sollte es sein, hatte mir eine Frau beim Metzger gesagt. Ein weiß gepinseltes rotes Haus! Manchmal reden die Bayern komisch und sind nur mit Herz zu verstehen.

Jedes Mal, wenn ich eine Kaminer-Buchung im Hotel fand, blätterte ich sofort das Gästebuch durch. Ich wollte wissen, was der Blödmann da reingeschrieben hatte, und fand seine Sprüche auch wieder! Vor meinen Augen geschah ein Verbrechen, ich wusste jedoch nicht, wie das Verbrochene zu formulieren war. Zu Hause in Berlin stellte ich den Wecker auf acht Uhr und ging frühmorgens zur Polizei. In der letzten Zeit sind bei uns die Ordnungshüter nicht leicht zu finden, meilenweit musste ick gehen, um eine geöffnete Polizeiwache zu finden, sie sind quasi rund um die Uhr im Einsatz und machen an manchen Tagen die Tür zu ihrer Wache gar nicht auf. Ob es die Flüchtlingskrise ist oder der Großstadtstress, auf jeden Fall scheint der Freund und Helfer häufig vollkommen überarbeitet und nicht ansprechbar zu sein.

Auch an diesem Tag konnte ich die Polizisten nur durch ein gepanzertes Fensterglas sehen. Sie saßen zu dritt auf der Wache mit Frühstücksbrötchen in der Hand. »Guten Tag«, rief ich durch die Lautsprecheranlage, »ich möchte eine Anzeige erstatten, mir wurde die Identität geklaut. Datendiebstahl! Verstehen Sie? Jemand benutzt meine Identität.«

»Wofür denn?«, fragte ein Brötchen kauender Polizist hinter dem Panzerglas, drückte auf einen Knopf und ließ mich in den Vorraum.

Ja, wofür denn, überlegte ich. »Um sich in Hotels unter meinem Namen anzumelden und Blödsinn in die Hotelbücher zu schreiben.«

»Aha. Aber sonst fehlt Ihnen nichts?«, murrten die Wachhabenden. »Sie sind nicht der erste Prominente, der zu uns mit solchem Unsinn kommt!«

Ich dachte automatisch an Martin Mann. War der etwa auch nicht echt?

»Wir können natürlich Ihre Anzeige aufnehmen«, tönte es durch das Loch einer weiteren Glasscheibe. »Aber es wird dauern. Wir haben gerade Frühstückspause und danach sehr viel zu tun. Und wir möchten Ihnen gleich sagen, die Chancen, dass Sie etwas zurückbekommen, sind bei einem solchen Delikt gleich null. Sie können sich gar nicht vorstellen, wie viele Identitäten jeden Tag in Deutschland abhandenkommen, es sind mehr, als es in diesem Land Bürger gibt. Wenn Sie unbedingt Anzeige gegen unbekannt erstatten wollen, machen Sie es doch von zu Hause aus, benutzen Sie die Internetpolizeiwache.«

Im Vorraum der Polizei hing ein Büchlein, in das die Bürger ihre Wünsche und Verbesserungsvorschläge eintragen konnten. Ich nahm sofort einen Stift, schloss die Augen und machte mich an die Arbeit. »Ein schöner Ort zum Ausschlafen«, schrieb ich wütend da rein, »ein fantastischer Fensterausblick, tolle Brötchen, sehr nette Rezeptionisten. Meilenweit musste ick gehen, Tag und Nacht, hin zu dir!«

Danach rückte ich die Reste meiner Identität zurecht und ging nach Hause, schlafen.

Herr Schröder, Herr Fuchs und ein Waschbär

Martin Hyun

In unserer Nachbarschaft gibt es einen echten Superstar – Herrn Schröder, den Kater meines Nachbarn.

Herr Schröder ist äußerst beliebt. Er weiß um seine Popularität und kennt auch die Nachbarn, die ihn gelegentlich zu sich nach Hause einladen, um ihn nach allen Regeln der Katzenkunst zu verwöhnen. Herr Schröder ist der perfekte Gast: Er überstrapaziert nie die Gastfreundschaft.

Manchmal kommt Herr Schröder auch zu uns zu Besuch. Wenn er voller Vorfreude im Innenhof wartet und dann ins vierte Stockwerk hochläuft, wissen wir genau, dass er auf dem Weg zu uns ist. Er kennt die Wege in unserem Gebäude besser als manche Bewohner. Bei uns erhielt Herr Schröder bis vor einiger Zeit auch Katzenmilch und -futter. Nachdem er sich gestärkt hatte, inspizierte er unser Zuhause und machte es sich gemütlich. In erster Linie verlangte er natürlich nach Streicheleinheiten, bis er uns zu verstehen gab, dass er nun gehen möchte.

Seine Verköstigungsbesuche hatten bei der Vielzahl an Nachbarn bei uns im Haus dazu geführt, dass Herr Schröder wegen Über- oder Fehlfütterung massiv übergewichtig wurde. Sein gewichtiger Zustand bereitete seinem besorgten Besitzer Kopfzerbrechen. Dieser klebte schließlich einen Appell an das Schwarze Brett im Hausflur, die lieb gemeinten Fütterungen seines übergewichtigen Katers Herr Schröder einzustellen, da er nun auf Diät gesetzt werden müsse. Ein Aufruf, dem die meisten Nachbarn bereitwillig Folge leisteten, um Herrn Schröder zu helfen. Doch es gab einen Nachbarn, der einfach nicht aufhören konnte. Er lockte Herrn Schröder weiterhin gezielt in seine Wohnung und verwöhnte ihn über Stunden hinweg mit opulenten Mahlzeiten. Herr Schröder wurde immer runder und runder. Der Besitzer von Herrn Schröder konnte nicht länger tatenlos zusehen und stellte den Nachbarn zur Rede. Er forderte ihn auf, das Mästen seines Katers zu unterlassen. Doch der Nachbar war hartnäckig und ließ sich von nichts und niemandem abhalten. Das Katz-und-Maus-Spiel zwischen den beiden ging so weit, dass der Nachbar, wenn die Polizei gerufen wurde, um ihn auf frischer Tat zu ertappen, Herrn Schröder jedes Mal durch das Fenster entkommen ließ.

Doch dann kam die ultimative Wende. Herr Schröders Besitzer griff zu seinem Handy und filmte eindeutige Videos, die den Nachbarn als Täter entlarvten. Die Beweise waren erdrückend, und Herr Schröders Besitzer drohte, diese Videos online zu stellen. Das war der Moment, in dem der Nachbar endlich vernünftig wurde. Er erkannte, dass es an der Zeit war, die »Esskapaden« zu beenden. Ein Abkommen wurde getroffen. Der Nachbar versprach, die Fütterungen zu unterlassen, und Herr Schröders Besitzer erklärte sich bereit, jegliches Filmmaterial zu vernichten. Der Friede im Haus war wiederhergestellt.

Herr Schröder ist ein überzeugter Freigänger. Er hat nicht nur ein Pfötchen für gutes Essen, sondern auch für die Liebe. Bei seinen nächtlichen Streifzügen lernte er eine Katzendame namens Hildegard, kurz Hilde, aus der Nachbarschaft kennen. Die beiden verstanden sich prächtig, und nach einiger Zeit trug ihre Liebe Früchte – Hilde war trächtig. Das führte zu einem regelrechten Nachbarschaftsstreit zwischen Herrn Schröders Besitzer und Hildes Besitzerin. Es ging um das Sorge- und Umgangsrecht und um Entscheidungsbefugnisse für die kleinen Kätzchen. Die beiden Nachbarn versuchten, die Angelegenheit außergerichtlich zu klären. So kam es, dass Herr Schröder jetzt monatliche Alimente in Form von Katzenfutter und Milch an Hilde zahlen muss. Und an jedem zweiten Wochenende darf Herr Schröder seine Kinder bei Hilde besuchen. Nach diesem aufregenden Abenteuer ließ der Nachbar Herrn Schröder kastrieren, um weitere Überraschungen zu vermeiden.

Neben Herrn Schröder gibt es auch noch einen Herrn Fuchs und einen flinken Waschbär in unserer Nachbarschaft. Herrn Fuchs begegne ich meistens, wenn ich um etwa drei Uhr morgens zur Arbeit fahre. Wir grüßen uns mit einem kurzen Nicken und gehen dann unserer Wege. Herr Fuchs ist eine Art Glücksbringer für mich. Wenn ich ihm begegne, kann mein Tag nur gut werden. Als Fuchs würde ich auch in einer Großstadt wie Berlin leben wollen. Hier herrscht Burgfrieden, denn der Fuchs muss keine Angst davor haben, abgeschossen zu werden. Die Stadtmenschen sind viel toleranter als die auf dem Land, wenn es um die Anwesenheit der Tiere geht. Auf dem Land darf sich ein Fuchs tagsüber kaum blicken lassen. In Berlin-Zehlendorf beispielsweise hat sich ein Fuchs als ausgesprochener Modefan entpuppt und rund hundert Schuhe aus Gärten und Hauseingängen oder von Terrassen entführt. Der menschliche Schweiß und die darin enthaltenen Salze hinterlassen in den Gummi- oder Lederschuhen den Geruch von totem Tier, wodurch Füchse anscheinend besonders angezogen werden.

In unserer Nachbarschaft ist Herr Fuchs bei der Nahrungssuche eher klassisch unterwegs. Er stürzt sich auf junge Feldhasen, erbeutet Würmer und durchstöbert menschliche Abfälle. Es kommt sogar vor, dass man einen Fuchs in Berlin auf dem Dach, auf dem Balkon oder im vierten Stock neben dem eigenen Bett antrifft. Letzteres ist kürzlich einem Ehepaar aus Pankow passiert, das fest davon überzeugt ist, dass der Fuchs über ein Baugerüst geklettert ist und durch das gekippte Fenster Zugang zur Wohnung gefunden hat. Der Mann konnte es kaum glauben, als er neben dem Bett in die funkelnden Augen eines Fuchses schaute, der ihn zuvor sanft an der Schulter gestupst hatte. Um wieder nach draußen zu gelangen, benutzte der Fuchs einfach das Treppenhaus.

All diese netten Begegnungen sollten uns jedoch nicht vergessen lassen, dass Herr Fuchs immer noch ein Wildtier ist. Es ist keine gute Idee, ihn zu füttern oder zu versuchen, ihn zu streicheln. Aber keine Sorge wegen Tollwut – Deutschland gilt seit 2008 als tollwutfrei. Ein bisschen Vorsicht schadet dennoch nie. Ansonsten verläuft das Leben der Menschen mit Herrn Fuchs als Nachbar in der Regel ohne Probleme.

Unser Waschbär in der Nachbarschaft ist ein Meister der Diskretion. Das letzte Mal, als ich ihm begegnete, stand er etwa zehn Meter von mir entfernt. Es war so eine Art »Hallo, alter Freund!«, bevor er geschwind über das Eingangstor einer angrenzenden Kleingartenanlage kletterte und sich aus dem Staub machte. In Berlin sind die Waschbären nicht nur in Schrebergärten zu finden, sondern auch in leer stehenden Gebäuden und auf Dachböden, denn sie haben ein Faible für die gemütliche Dämmung von Hauswänden und Dächern. Auch für die Waschbären ist Berlin ein Schlaraffenland mit seinen zahlreichen Mülltonnen, Unterschlupfmöglichkeiten, dem wärmeren Klima und den reichen Nahrungsangeboten. Die Waschbären fühlen sich so wohl in der Hauptstadt, dass sie neulich in einen Bus eingestiegen sind, um zur nächsten Futterstelle zu fahren.

Vor einigen Jahren sorgte Waschbär Alex für Schlagzeilen. Er hatte sich im Parkhaus des schicken Viersternehotels »Park Inn« am Alexanderplatz häuslich eingerichtet. Der Hoteldirektor war alles andere als verärgert deswegen. Im Gegenteil, er war sehr stolz, dass Waschbär Alex sich bei der Vielzahl an Schlafmöglichkeiten in der Hauptstadt ausgerechnet für sein Hotel entschieden hatte. Der Berliner Senat hingegen hat genug von den Waschbären. Er will den Tieren das Leben in der Stadt so ungemütlich wie möglich machen und ihnen Nahrungsquellen sowie Schlafplätze entziehen und damit ihre Reproduktionsrate minimieren.

In unserem Gebäude wurde noch nie ein Waschbär auf dem Dach oder ein Fuchs im Schlafzimmer gesichtet – lediglich eine Ratte, die es bis zur vierten Etage geschafft hatte. Die Stadtratte schien jedoch altersmüde zu sein. Vielleicht hatte auch jemand in der Nachbarschaft sein Haustier loswerden wollen. Am nächsten Tag wurde die Ratte jedenfalls in der dritten Etage vor einer Wohnungstür gefunden. Ein Nachbar tat sie in den Müll und hängte eine Notiz ans Schwarze Brett: »Das Problem ist entsorgt!«

Zu den fünf größten Wildtierarten, die in Berlin leben, gehören das Wildschwein, der Fuchs, der Waschbär, der Steinmarder und das Kaninchen. Doch dann passierte etwas, das die Hauptstadt über zwei Tage in Atem hielt: eine mutmaßliche Löwensichtung. Ein weiteres Wildtier also, das offenbar in Berlin heimisch werden wollte. Sofort musste ich an den Maler Edward Hicks und sein Gemälde »Königreich des Friedens« denken. Hicks hat eine Welt gemalt, in der wilde Tiere, die sonst verfeindet sind, friedlich miteinander auskommen. Er soll einmal gesagt haben: »Es ist das Vorrecht der Naiven, eine friedliche Welt zu malen.«

Nun, ich beschloss, von diesem Vorrecht Gebrauch zu machen, und stellte mir vor, wie eine friedliche nachbarschaftliche Koexistenz zwischen Mensch und Löwe in freier Wildbahn in Berlin funktionieren sollte. Vielleicht würde Berlin ein spezielles Naturschutzgebiet für das Raubtier einrichten, in dem es ohne direkten Kontakt zu menschlichen Siedlungen konfliktfrei leben konnte. Natürlich müssten wir auch Bildungsprogramme entwickeln, um Vorurteile abzubauen und die Menschen über die notwendigen Maßnahmen und den Schutz der Löwen aufzuklären. Und warum sollten wir nicht auch Safariaktivitäten in Berlin einführen, um Geld für Naturschutzprojekte zu sammeln? Aber all die Gedanken wurden nach einer DNA-Analyse zunichtegemacht. Die Berliner Löwin entpuppte sich als Wildschwein. Die Hauptstadt machte sich damit zum Gespött der ganzen Welt. Und die Berliner Safari wird als die teuerste in die Geschichte eingehen.

In der beschaulichen Stadt Soest haben sich übrigens sehr real rund 1700 Saatkrähen-Pärchen angesiedelt. Im

Frühling stürzen sie sich im vollen Krächzmodus in die höchsten Baumkronen der Stadt, um dort ihre Nester zu errichten. Für die meisten Einwohner ist das Geschrei der Krähen unerträglich. Die Stadt hat so allerhand versucht, von Uhu-Imitatoren bis hin zu Drohnen, aber die Krähen zeigen sich davon wenig beeindruckt. Die Nachbarn äußern Sätze wie: »Ich habe ja nichts gegen Krähen, aber wir können doch hier nicht alle aufnehmen!« Oder: »Ich habe nichts gegen Krähen, aber die gehören einfach nicht hierher!« Als Person of Color fühlen sich diese Sätze für mich sehr vertraut an.

Vor etwa hundert Jahren wurde der letzte Wolf in Deutschland ausgerottet. Erst nachdem der Wolf im Jahr 1990 unter Artenschutz gestellt wurde und somit zurückkehren konnte, wuchs die Population wieder rasant an. In jüngster Zeit wird eine hitzige politische Diskussion geführt über den Problemwolf, der sich in Deutschland mittlerweile heimisch fühlt: ein Grund zur Freude vor allem für Umweltschützer und Naturfreunde. Aber für andere, insbesondere die Weidetierhalter und Landwirte, ist die Rückkehr des Wolfs ein Alarmsignal. Der Deutsche Bauernverband äußert große Bedenken über die zunehmenden Fälle von Wolfsrissen an Schafen und anderen Weidetieren. Infolgedessen fordert der Verband eine Überprüfung und mögliche Herabstufung des Schutzstatus des Wolfs im EU-Recht.

Tatsächlich greift der Wolf den Menschen normalerweise nur an, wenn er zu viel Kaffee getrunken hat, futterkonditioniert wurde, an Tollwut erkrankt ist oder provoziert wurde. Sein Territorium erstreckt sich über 200 Quadratkilometer. Aber mal im Ernst, dringt nicht der Mensch unaufhörlich in dessen Lebensraum ein? Und dann ist er noch überrascht, wenn der Wolf in seiner Nachbarschaft auftaucht? Auch die Politik beschäftigt sich damit, wie man mit den Wölfen umgehen sollte. Die Bundesumweltministerin hat den Abschuss der Wölfe vorgeschlagen. Selbst die EU-Kommission hat sich eingeschaltet und möchte den Schutzstatus von Wölfen überprüfen und möglicherweise lockern. Während die Diskussionen weitergehen, hoffen wir, dass am Ende eine Lösung gefunden wird, die Mensch und Wolf gleichermaßen gerecht wird.

Und dann haben wir die »Problembär«-Familie. Bären sind so etwas wie die schrägen Nachbarn in der Tierwelt. Erinnern Sie sich an Bruno, den Bären aus Bayern? Er trieb 2006 sein Unwesen und wurde schließlich zur Wahrung des öffentlichen Friedens erlegt. Aber das ist noch nicht alles. Bruno hatte eine Schwester namens Gaia, die offenbar ein Talent dafür besaß, Wanderer zu verletzen. Ein Jogger wurde von ihr getötet. Die Bärenfamilie hatte noch einen weiteren Bruder, der anscheinend einen Hang zur urbanen Gastronomie entwickelt hatte. Er durchwühlte regelmäßig den Müll in menschlichen Siedlungen und wurde schließlich 2008 erlegt.

Wie kann der Mensch mit den Bären als Nachbarn koexistieren? Eine Idee ist es, ihnen elektronische Halsbänder anzulegen, um ihre Aktivitäten zu überwachen – sozusagen ein »Bär-Überwachungssystem«. Wenn sie in die Nähe von Wanderern kämen, könnten in Echtzeit Warnungen ausgegeben werden. So etwas sollte es auch für Nachbarn geben – eine Art »Nachbar-Überwachungssystem«, das vor Nachbarn aus der Hölle warnt.

Und dann haben wir da noch dieses Forscherteam aus Nordamerika, das uns mit der bahnbrechenden Erkenntnis beglückt hat, dass Pfefferspray bei einer Begegnung mit einem Bären effektiver ist als eine Schusswaffe. Aber das ist noch nicht alles. Die Stadt Bozen hat einen richtigen Ratgeber für den Umgang mit Bären aufgestellt:

1. Keine ruckartigen Bewegungen machen.
2. Nicht wegrennen: Denn wie wir alle wissen, sind Bären schneller als Usain Bolt.
3. Ruhe bewahren.
4. Mit ruhiger Stimme sprechen.
5. Sich langsam entfernen und dabei den Bären, ohne ihn anzustarren, nicht aus dem Blickfeld verlieren.
6. Flach auf den Boden legen: In dieser Position wird es dem Bären erschwert, an den Bauch des Menschen ranzukommen; so werden empfindliche Körperteile geschützt.

Des Weiteren empfiehlt die Stadt: »In der Regel dauert ein Angriff nur wenige Sekunden (maximal eine Minute). Sollte der Angriff aber länger dauern, will der Bär Beute machen. Dann sollte man sich mit allen Mitteln wehren (schreien, Steine werfen etc.). Die Nasenpartie des Bären ist sehr empfindlich.«

Ganz ehrlich, dieser Ratgeber der Stadt Bozen liest sich wie ein Survivalhandbuch für den Umgang mit wilden Nachbarn.

Die Beach Towel Brigade und Herr Wahl

Martin Hyun

Als die englische Fußballlegende Gary Lineker verkündete: »Fußball ist ein einfaches Spiel. Zweiundzwanzig Männer jagen neunzig Minuten lang einen Ball, und am Ende gewinnen immer die Deutschen«, befand sich Deutschlands Fußball auf dem Höhepunkt. Nach dem frühen Ausscheiden der deutschen Mannschaft bei der Weltmeisterschaft in Katar hat Lineker seinen berühmten Spruch um einen Zusatz ergänzt: »Wenn sie es durch die Gruppenphase schaffen.«

Im Fußball ist Deutschland derzeit nur noch Mittelklasse und nicht mehr die Übermacht. Aber dafür sind die Deutschen unangefochtene Weltmeister darin, im Urlaub schon sehr früh am Morgen Sonnenliegen mit ihren Handtüchern zu reservieren. Jetzt könnte man sagen: »Zweihundertzweiundzwanzig Männer und Frauen jagen neunzig Minuten lang Liegestühle, und am Ende gewinnen immer die Deutschen.« Vizeweltmeister im Liegestühle-mit-dem-Handtuch-Reservieren sind die Engländer, die die Deutschen liebevoll als »Beach Towel Brigade« bezeichnen.

Erving Goffman, der kanadische Soziologe, behauptete, dass der Mensch bestimmte Territorien beanspruche, sei es an einem Ort, im persönlichen Raum oder in einer bestimmten Situation. Er nennt dies »Territorien des Selbst«. Und beim Urlaub am Strand an der Ostsee, da sehe ich genau das in Aktion. Es ist ein wahrhaftes Spektakel, wenn Menschen mit ihrem Bollerwagen, randvoll mit Strandmuschel, Paravent, Strandstühlen und Sonnenschirm, zum Strand aufbrechen, um ihr Revier zu markieren. Der Paravent wird oft wie eine Festung – eine Art Textilmauer – aufgebaut, selbst an windstillen Tagen. Man möchte schließlich das Territorium in bester Lage, möglichst nah am Wasser – sozusagen »einen Platz an der Sonne«. Damit grenzen die Menschen sich von ihren Strandnachbarn ab und wollen so territoriale Überschreitungen verhindern. Manchmal übertreiben sie es allerdings und bauen sich mit ihren Textilmauern eine gigantische Burg mit Vorplatz. Da möchte man fast hingehen und sagen: »Reißen Sie diese Textilmauer nieder!«

Genauso ist es mit den Liegestühlen an einem Hotelpool oder auf einem Kreuzfahrtschiff. Das Handtuch dient als Markierung, und nicht selten werden gleich mehrere Liegestühle beansprucht, um fremde Nachbarn fernzuhalten. Auf ein ganz neues Level werden die »Territorien des Selbst« allerdings von den Bewohnern im kalifornischen Malibu gehoben. Sie brauchen keinen Paravent und keine Handtücher, um ihr Revier zu markieren. Dafür haben sie ihre Luxushäuser. Gesetzlich mag es so sein, dass der Strand allen gehört, aber in Malibu sind die Menschen sich sicher, dass das Paradies in Wirklichkeit ihr eigenes kleines Privateigentum ist.

Goffman erklärte weiter, dass wir über bestimmte Fähigkeiten verfügen müssten, um an direkter sozialer Interaktion teilnehmen zu können. Das bedeutet unter anderem, dass wir nicht nur unsere eigenen Interessen verfolgen, sondern auch flexibel genug sind, uns den Gegebenheiten anzupassen und den sozialen Normen zu folgen, die in dieser speziellen Situation gelten. Der Soziologe nennt das »situationelle Anstandsformen«. Und diese situationellen Anstandsformen sollten nicht nur von Strand- und Liegestuhlnachbarn eingehalten werden, sondern von Nachbarn aller Art.

Als Dani und ich die Bühnensitcom »Gutes Wedding, Schlechtes Wedding« besuchten, erwarteten wir eine unterhaltsame Vorstellung – zugleich wurden wir Zeugen eines ganz eigenen Theaterstücks: des Dramas der optischen Markierungen. Das war zu einer Zeit, als das Theater noch keinen Sitzplan hatte und die Sitzplätze nach dem Prinzip »Wer zuerst kommt, mahlt zuerst« vergeben wurden. Doch was Dani und mich wirklich sprachlos machte, war das Verhalten der anderen Besucher. Sie nutzten Jacken, Regenschirme und Taschen, um ihre territorialen Sitzansprüche geltend zu machen. Wir fanden es unfair, dass diejenigen, die ihre Sachen frühzeitig deponiert hatten, dann einfach im Café des Foyers verschwanden, als hätten sie ihren Sitzplatz für sich reserviert wie am Pool eine Liege. Also erlaubten wir uns einen kleinen Streich und legten einige Jacken und Taschen auf andere Plätze. Es war sehr amüsant, die Gesichter der Leute zu beobachten, als sie zurückkamen und feststellten, dass ihre »Markierungen« und damit »territorialen Ansprüche« verschwunden waren. Denn jetzt mussten sie zum Teil Sitzplätze mit fremden Nachbarn akzeptieren, um die Vorstellung des Abends zu sehen. Dani und ich glauben an die Kraft der Begegnungen. Und vielleicht hat der ein oder andere Besucher Freundschaft mit seinem neuen Sitznachbarn geschlossen.

Die Stadt Lünen hat einen sehr empfehlenswerten Theater-Knigge auf ihrer Homepage veröffentlicht. Hier ein kleiner Auszug: »Gäste, die einen Mittelplatz gebucht haben, sollten sich frühzeitig zu ihren Plätzen begeben, so brauchen die vorher erschienenen Gäste nicht aufzustehen. Randplatzgäste sollten sich entweder später zu ihren Plätzen begeben oder am Rand neben den Plätzen warten, bis die mittleren Plätze besetzt sind.« Aber was, wenn man einen Mittelplatz hat und zu spät kommt? Kein Problem, der Knigge hat die Lösung: »Freundlich um Durchlass bitten und vorsichtig durch die Reihe schieben. Dabei ist darauf zu achten, Ihr Gesicht an die Zuschauer:innen zu richten« und ihnen ein kleines Lächeln zu schenken. Und das Beste kommt zum Schluss: »Als rücksichtsvolle:r Theaterbesucher:in gilt es, unangenehme Gerüche zu vermeiden.«

Die FDP konnte den unangenehmen Geruch der AfD-Fraktion neben sich im Plenarsaal nicht mehr ertragen. Es war, als ob jemand beschlossen hätte, Fisch und Käse auf denselben Teller zu packen. Die Auseinandersetzung darüber, wer neben wem sitzen sollte, war eine Art politisches Pingpong im Plenarsaal. Eine halbe Stunde Diskussion darüber, wer denn jetzt wo seinen Hintern parken dürfe, endete schließlich damit, dass die CDU/CSU nun unmittelbare Sitznachbarin der AfD war und die FDP sich mit den Grünen anfreunden konnte.

Das erinnert mich an meine Schulzeit, wo wir unsere Plätze von Lehrern zugeteilt bekamen. Manchmal fand ich mich in der Mitte wieder, manchmal eher rechts oder links. Wenn man dem Rechts-links-Schema der FDP folgte, wäre ich wohl als politisch flexibel abgestempelt worden. In meiner katholischen Schule musste ich auch jede Woche eine Pflichtmesse besuchen. Da gab es dieses eine Mal eine Sitznachbarzuweisung in der Kirche – und ich habe es richtig bereut. Nach dem Vaterunser drehte ich mich zu Wolfgang und fragte: »Alles klar bei dir?« Der schaute mich an, und plötzlich kotzte er mich an. Ich sprang erschrocken auf, um dieser Attacke zu entkommen.

Neben den Sitznachbarn in der Schule sind auch die Büronachbarn eine Spezies für sich. Einige werfen einem bei jedem Stressmoment wie eine verlorene Schwester von Buddha eine philosophische Lebensweisheit zu, während andere schon zusammenzucken, wenn man nur den Kugelschreiber auf den Tisch legt – diese Bürogladiatoren mit ausgeprägter Misophonie, deren grimmiger Blick einem zuflüstert: »Jedes Geräusch ist eine Beleidigung meiner inneren Ruhe.« Als ob ein Stiftklick eine Geheimoperation wäre, die den Weltfrieden gefährden würde. Und dann gibt es noch diese geheimnisvollen Zeitgenossen, die ihre Tastatur wie eine Pauke im Orchester spielen. Sie sind die Meister des rhythmischen Tippens und bringen mit ihrem akustischen Puzzle ihre Büronachbarinnen und -nachbarn zur Verzweiflung. Mein Bekannter Olaf erzählte mir, dass er sich so unentbehrlich für seine Firma gemacht hatte, dass er eine Antisoziale Persönlichkeitsstörung vortäuschen konnte, um sein eigenes Büro zu bekommen.

Von der selbst ernannten Zen-Meisterin bis zum uneingeschränkten Assad-Fanatiker habe ich wohl das komplette Spektrum an Büronachbarn bereits erlebt. Und auch mit Sitzplatz-, Zimmer- und Wohnungsnachbarn kenne ich mich mittlerweile so gut aus, dass ich dachte, mich könne nichts mehr aus der Fassung bringen. Doch was mir neulich nachts passiert ist, zeigt, dass mich das Thema bis in den Schlaf verfolgt. Ich träumte von einem sprechenden Wal namens Herr Wahl – mit h nach dem a, wie er betonte. Herr Wahl jammerte über die menschlichen Nachbarn, die sein Meer mit Lärm, Chaos, Plastikmüll und Schmutz überzogen. »Meine Familie und Freunde können kaum noch per Schall kommunizieren! Es ist so laut hier, und das alles wegen der Menschen!«, jammerte er entnervt. »Wir haben es mit Lärmprotokollen versucht, aber das hat nichts bewirkt!«

Es war, als ob Herr Wahl mir die Wahrheit des Lebens offenbarte. Sein Zuhause war von menschlichen Nachbarn in Beschlag genommen, die sich nicht an die Regeln hielten. Statt Walgesang und Ruhe hatten sie Lärm in sein Wohnzimmer gebracht. Als ich versuchte, ihn zu beruhigen, durchbrach ein Sonnenstrahl die Wolken, und ich wachte auf. Auch wenn meine Unterhaltung mit Herrn Wahl nur ein Traum gewesen war, hatte er sich irgendwie ziemlich real angefühlt.

Ruhe in Frieden

Wladimir Kaminer

Derzeit beginnt mein Tag jeden Morgen um acht Uhr mit dem Summen eines Zementmischers auf dem Hof. Die Nachbarn haben beschlossen, die Spielplatzecke zu sanieren, weil sich angeblich jemand in dem alten Holzsandkasten verletzt hat, das Holz war alt und kaputt. Nach meinen Informationen haben in diesem Sandkasten in den letzten drei Jahren nur Krähen gesessen und ab und zu die verwilderte Katze der Nachbarin aus dem Erdgeschoss. Alle Kinder im Haus sind längst aus dem Sandkastenalter heraus, die meisten haben bereits die Schule beendet, und die Grundschulkinder des Hauses verbringen ihre Freizeit lieber mit Spielkonsolen oder einem Gadget in der Hand, anstatt in der Spielecke neben der Mülltonne Sandtorten zu backen. Das hat dem Enthusiasmus der Nachbarn aber keinen Abbruch getan, der Weg ist das Ziel. Sie haben den alten Holzsandkasten abgetragen und bauen nun einen neuen aus Stein und Beton, der von Tag zu Tag immer bombastischer wird, ein Hexagon, ein magisches Sechseck, das symbolisch für Gleichgewicht, Harmonie und Endlichkeit stehen soll, ein leeres Mausoleum, die Grabstätte der zu schnell vorbeigerauschten Kindheit. Kein Kind bei Verstand würde in diesen Betonkasten steigen wollen, von Erwachsenen ganz zu schweigen.

Beim Betrachten dieses Mahnmals hatte ich das gleiche Gefühl wie vor vielen Jahren in Ägypten, als wir nichts ahnende, unter der Hitze leidende Touristen von unserem Reiseleiter aufgefordert wurden, in eine berühmte ägyptische Sehenswürdigkeit zu kriechen. Es war skurril und absolut nicht nachvollziehbar, aus welchem Grund dreißig erwachsene Menschen auf allen vieren in ein fremdes Grab, in eine Pyramide ohne Pharao, durch einen sehr engen Gang kriechen sollten, einer nach dem anderen, den Kopf ständig am Hinterteil des Vordermanns oder der Vorderfrau.

Es war eine internationale Gruppe, Menschen aus Amerika und Europa, aus aller Welt. Der Gerechtigkeit halber muss ich sagen, nicht alle wollten in die Pyramide. Die Russen und die Franzosen gingen schweigend um die Ecke und zündeten sich eine Zigarette an. Die Deutschen machten mehr aus Höflichkeit als aus Interesse mit, sie wollten den ägyptischen Reiseleiter nicht mit ihrer Weigerung kränken. Nur die Amerikaner waren enthusiastisch dabei, neugierig und naiv krochen sie in jedes Loch, obwohl die Wahrscheinlichkeit, darin stecken zu bleiben, für sie deutlich höher war als für die eher mageren Europäer.

Die mutigen Amerikaner wären beinahe erstickt, in der Mitte des Ganges bekam eine Dame ihre Panikattacke, und alle mussten rückwärts wieder rauskriechen. Der Reiseleiter hatte sichtbar Spaß an dieser Touristenquälerei. Die ägyptische Pyramide stand für mich damals symbolisch als Denkmal der Überheblichkeit – nach außen bombastisch, im Inneren erniedrigend und absolut sinnlos, eine schöne Grußkarte an die Menschen der Zukunft: »Wir wissen nicht, was das soll, haben sie aus Spaß gebaut, damit ihr zukünftig darin stecken bleibt. Macht's besser, eure alten Ägypter.«

Meine Nachbarn in Berlin würden mit Sicherheit bei dem Wettbewerb »Der schönste Sandkasten der Welt« den ersten Platz bekommen, wenn es einen solchen Wettbewerb gäbe. Den gibt es aber nicht. Vielleicht wollen sie später, wenn sie in Rente gehen und kindisch werden, selbst in diesem Sandkasten sitzen und sich an die stürmischen Zeiten zurückerinnern, als sie jeden Morgen um acht Uhr den Tag mit dem Krach des Zementmischers begonnen haben. Wer weiß, vielleicht setze ich mich sogar zu ihnen in den Sandkasten, denn es hat keinen Sinn zu meckern, die ersehnte Ruhe wird nicht eintreten, solange man Nachbarn hat. Und Nachbarn hat man immer. Sogar die Mumie des Pharaos, als sie in der Pyramide begraben lag, war dort ursprünglich nicht allein, erzählte uns der Reiseleiter, sondern mit ihren anderen Familienangehörigen, die extra dafür getötet worden waren, dass sich die Mumie im Jenseits nicht langweilte. Vielleicht mochte die Mumie ihre Familienangehörigen gar nicht, es ist sehr wahrscheinlich, dass sie diese Angehörigen zu Lebzeiten gar nicht ausstehen konnte. Aber sie wurde nicht gefragt. Auf einem europäischen Friedhof werden wir auch garantiert nicht allein gelassen, wir können unsere Friedhofsnachbarn nicht auswählen, ob vor oder nach dem Tod, nirgendwo sind wir vor möglichen Auseinandersetzungen geschützt.

Die vorläufig noch Lebenden wissen nicht, wie die Kommunikation zwischen den endgültig Verstorbenen unter der Erde funktioniert, aber irgendetwas läuft da. Ich bin überzeugt davon, dass es unter der Erde bebt. Mein Vater liegt zum Beispiel auf dem Jüdischen Friedhof in Berlin-Weißensee neben einer Frau, die er zu Lebzeiten jahrelang telefonisch belästigt hatte. Er war lange Zeit schwer krank, verließ in den letzten Jahren die Wohnung kaum, langweilte sich vor dem Fernseher, ging mir und meiner Mutter auf die Nerven mit seinen schrecklichen Gedichten, die er sein Leben lang schrieb und immer im Kreis der Familie vorlesen wollte. Der Kreis der Familie war eng, nur meine Mutter und ich, beide keine Liebhaber seiner Poesie. Papa hatte wenig Verwandte, viele von ihnen waren längst gestorben, also haben meine Mutter und ich die meisten Gedichte abbekommen. In seinen Versen klagte er über die zu schnell vergangene Lebenszeit und über einen Mangel an Liebe und Sex in der Vergangenheit. Das war auf Dauer schwer zu ertragen, ich wünschte, Papa hätte einen anderen Zuhörer für seine Poesie gefunden.

Einmal blätterte er im Berliner Telefonbuch und fand heraus, dass es außer uns noch andere Kaminers in der Stadt gab, genau genommen handelte es sich um eine Frau, die Helen hieß. Mein Vater war von seinem Fund begeistert. Vielleicht waren wir verwandt, möglicherweise hatte er die verschollenen Nachkommen seines Onkels, des Bruders seines Vaters, in Berlin gefunden. Er rief sofort die Nummer dieser Frau Helen an. Eine alte Dame nahm den Hörer ab und konnte lange nicht verstehen, was der Unbekannte, der mit schwerem russischem Akzent sprach, von ihr wollte.

»Frau Kaminer?«, fragte mein Vater frech. »Freut mich, Sie zu hören, ich bin nämlich Herr Kaminer, und Sie sind

Frau Kaminer, klingelt da bei Ihnen was? Ist das nicht großartig, dass wir uns gefunden haben? Möglicherweise sind wir verwandt! Kennen Sie den Onkel Semjon, den Bruder meines Vaters?«

Bei Frau Helen am anderen Ende der Leitung klingelte gar nichts, sie kannte den Onkel Semjon nicht und hatte keine Lust auf neue Verwandtschaft, sie legte den Hörer auf, sehr unhöflich. Mein Vater ließ nicht locker. Er rief gleich noch mal bei Frau Helen an. Diesmal erzählte ihm Frau Kaminer ausführlich, dass sie, ganz egal welche großartigen Produkte mein Vater ihr anbieten wolle, Teppiche, Versicherungen, Staubsauger, überhaupt kein Interesse habe, ihm etwas abzukaufen. Und auch an einer Verwandtschaft mit meinem Vater sei ihr nicht das Geringste gelegen. Er solle sie nicht mehr anrufen, und der Onkel Semjon auch nicht, falls es diesen Onkel überhaupt gebe.

Papa war ziemlich sauer über eine solch bockige Haltung. Er wollte schließlich Frau Helen keine »Produkte« verkaufen, er wollte Freundschaft, Verständnis und Nähe.

Seitdem rief er sie jedes Mal an, wenn er ein paar Gläser getrunken hatte. Er sang ihr die Lieder seiner Kindheit in den Hörer und las ihr seine obszönen Gedichte vor, die er extra für sie schrieb:

Wir sind uns noch nie auf Erden begegnet/
Und beide mit gleichem Namen gesegnet/
Das Leben ein Spiel, ein Zufall, ein Traum/
Wir beide teilen den gleichen Raum/
Sie sind in Berlin, ich bin in Berlin/
Ich stelle mich vor, Geben Sie mir einen Termin.

Frau Helen fühlte sich von meinem Vater unterdrückt, wie Irland von Großbritannien, sie gab ihm keinen Termin, legte jedoch nicht mehr gleich auf, hörte geduldig zu und sagte am Ende des Gedichts immer höflich Auf Wiedersehen.

Ich glaube, er hat ihr ziemlich zugesetzt. Bis zu seinem Tod hörte er mit der telefonischen Belästigung seiner vermeintlichen Verwandten nicht auf. Erst als Vater starb, fand Frau Helen ihre Ruhe. Aber nicht lange. Der Tod macht keine Pausen. Der Jüdische Friedhof in Berlin wuchs unaufhörlich weiter. Bereits drei Monate nach Vaters Begräbnis hob man neben ihm ein neues Grab aus, die Gräberreihe wurde verlängert. Und wer kam dorthin? Ich traute meinen Augen nicht. Es war Frau Helen, sie war auch gestorben, und wahrscheinlich dachte die Leitung des Friedhofs, es sei angebracht, alle Kaminers in einer Ecke zu platzieren, damit sie sich nicht über den ganzen Friedhof verstreuten. Vielleicht wusste die Leitung etwas von unserem vermeintlich gemeinsamen Verwandten Onkel Semjon, oder es war tatsächlich ein Zufall. Auf jeden Fall kann ich mir vorstellen, dass die beiden ihren skurrilen Dialog jetzt unterirdisch weiterführen. Möglicherweise dichtet mein Vater unterirdisch weiter:

Wir sind uns nie auf Erden begegnet/
Für immer vereint unter der Erde/
Wir beide teilen den gleichen Raum/
Neben dem gleichen Pflaumenbaum/
Nun können Sie die Wahrheit beim Namen nennen/
Dass Sie Onkel Semjon natürlich kennen.

Jedes Mal, wenn ich meinen Vater auf dem Friedhof besuche, um ein paar neue Steine auf sein Grab zu legen, habe ich Angst, die wahre Verwandtschaft von Frau Helen dort zu treffen. Bis jetzt sind wir uns aber nie über den Weg gelaufen, anscheinend haben ihre echten Verwandten nicht mal annähernd so ein großes Interesse an ihr wie mein Vater. Sie hat auch einen viel kleineren Grabstein, Vor- und Nachname, Geburtsdatum, Todestag, dazwischen ein Bindestrich, die deutschen Grabsteine sehen oft aus wie eine Rechnung. Meine Landsleute neigen dazu, ihren Verstorbenen größere Steine mit fantasievollen Sprüchen darauf hinzustellen. Die Gräber meiner Landsleute sind schick und schön, sie fallen auf. Der Friedhof wird, wie gesagt, jedes Jahr größer, man kann sich inzwischen auf den unzähligen Alleen verlaufen, ständig sehe ich dort Menschen, die ihre Verwandten nicht finden können. Doch ich brauche keine Angst zu haben, meinen Vater eines Tages nicht zu finden, sein Grabstein tanzt aus der Reihe und ist schon von Weitem zu sehen, grün und spitzeckig, wie er ihn sich gewünscht und noch zu Lebzeiten bestellt hatte.

Für einen ehemaligen Bürger der Sowjetunion eine ungewöhnliche Wahl. Die meisten Landsleute mögen es dunkelrot, in der Farbe von Lenins Mausoleum, mit goldener Schrift und einem Trinkspruch, »Auf das ewige Leben in unseren Herzen!« oder etwas in der Art. Es ist Tradition in meiner Heimat, dass sich in einer Grabstätte die Erfolge des Verstorbenen auf Erden widerspiegeln, ein wenig so wie bei der Mumie in Ägypten.

Das ewige Leben ist zwar noch immer nicht möglich, doch die Reichen und die Mächtigen sollen auch nach ihrem Tod ihre Macht und ihren Reichtum demonstrieren können. Die Verlierer, die vorläufig noch ihr Dasein fristen, sollen jederzeit an die Großen und Mächtigen erinnert werden. Diese Grabsteine sind Erinnerungszellen des Volkes. Das hört sich zwar schräg an, hat aber mit dem Totenkult in meiner Heimat zu tun. Ich glaube, wir wurden alle durch diesen toten Lenin nachhaltig beschädigt, der bis jetzt wahrscheinlich als Einziger, abgesehen von Putin, in diesem großen Land alle gesellschaftlichen Umbrüche überlebt und sich gut gehalten hat. Egal was mit dem Land passiert, er liegt seit hundert Jahren auf dem Roten Platz, wie Schneewittchen in einem durchsichtigen Kristallsarg, zur Schau gestellt in einem dunkelroten Mausoleum, ein Gebäude gewordener Grabstein. Er wird bewacht. Die Menschen ziehen an ihm vorüber, alle wollen ihn sehen, und keiner darf ihn küssen. Der Körper des verstorbenen Führers des Weltproletariats soll seinen Sieg über den Tod symbolisieren und dass er recht hatte. Womit? Er hat viele weise Dinge gesagt: »Immer und immer wieder bitte ich: weniger Zahlen, dafür gescheitere«, »Vertrauen ist gut, Kontrolle ist besser« und »Kratze einen Kommunisten, und du wirst auf etwas ganz anderes stoßen«.

Als Kinder wurden wir zum Mausoleumsbesuch verpflichtet. Man hat uns neben Lenins Leiche bei den Jungpionieren aufgenommen. Es war absurd und bezaubernd zugleich. Den Kindern wurde in einer Grabstätte ein rotes Tuch um den Hals gewickelt, und die Leiche schaute lächelnd zu. Seine Mumie hatte immer einen etwas schelmischen Gesichtsausdruck, ich weiß nicht, wie sie es gemacht haben, aber es müssen große Talente gewesen sein, die sich um die Leiche kümmerten. Die Mumifizierungsbrigade arbeitete Tag und Nacht an dem Erhalt dieses Körpers, Generationen von Mumifizierern fanden im Mausoleum Arbeit. In einem Buch las ich, der tote Lenin musste dreimal die Woche ausgezogen, gewaschen und erneut mit chemischen Substanzen vollgepumpt werden.

Obwohl das Land schon längst die Ideen des Kommunismus verworfen hat und der heutige Kremlchef nach eigenen Aussagen Lenin nicht mag, geht dieser Prozess des Erhalts seiner Leiche ununterbrochen weiter. In den Neunzigern geriet die Finanzierung des Mausoleums in eine Schieflage. Unsere Kommunisten hatten sich siebzig Jahre nach Lenins Tod zu sehr gekratzt und zu Kapitalisten gemausert. Wer hätte das gedacht?

Sie hatten es allerdings übertrieben und einen wilden Turbokapitalismus geschaffen, der das ganze Land zu verschlucken drohte. Für viele ging es ums nackte Überleben. Ab sofort mussten sich ehemalige Projekte des Staates selbst um ihre Finanzierung kümmern. Die Mausoleumsmitarbeiter sahen sich gezwungen, neue Wege zu gehen. Kapitalismus hin oder her, die Mumifizierung Lenins durfte nicht unterbrochen werden. Es begann die Prostituierung der kommunistischen Pyramide, Lenins Leiche wurde buchstäblich auf den Strich geschickt, um ihre eigene Mumifizierung weiter bezahlen zu können. Zuerst wurde das früher verbotene Fotografieren gegen einen Aufpreis erlaubt. Später wurden Fotos mit nacktem Lenin angeboten, wie er ausgezogen und gewaschen wird. Das Geld reichte trotzdem nicht, um die Einrichtung zu finanzieren, also begann die Verwandlung des Mausoleums in ein Freudenhaus. Auf einmal durften Hochzeitspaare sich neben die Leiche setzen, später auch auf die Glasplatte neben Lenin hinlegen oder gegen Aufpreis auch auf Lenin drauf.

Die Mumifizierungsbrigade musste außerdem in den Neunzigerjahren ihre Dienste außerhalb des Mausoleums Normalsterblichen anbieten – vorwiegend Mafiosi, die sich damals ständig untereinander bekriegten, gerne »auf ewiges Leben« machten und sich von ihren Witwen und Arbeitskollegen à la Lenin mumifizieren ließen. Manche von ihnen errichteten auch Grabstätten für sich, die, an ihrer Größe gemessen, mit dem Lenin-Mausoleum durchaus mithalten konnten. Dieser ganze Zirkus ging erst mit der Beendigung der Demokratie und der Verstaatlichung der großen russischen Konzerne durch ehemalige Offiziere des KGB zu Ende. Putin hat den Ausverkauf der ruhmreichen Geschichte seiner Heimat gestoppt und die Mumifizierer angewiesen, sich nur noch um die Leiche des Führers des Weltproletariats zu kümmern. Böse Zungen behaupten jedoch, bevor er das tat, habe er sich von den gleichen Spezialisten lebend mumifizieren lassen. Deswegen sieht er seit zwanzig Jahren unverändert aus und guckt schelmisch, wie Lenin. Er hat auch wie Lenin eine Revolution durchgeführt, alle staatlichen und bürgerlichen Institute zerstört und seine Gegner erledigt. Die Geschichte Russlands dreht sich im Kreis. Doch ich glaube, sollte er eines Tages im gleichen Mausoleum landen, wird sich niemand auf oder neben ihn legen wollen.

Am Ende wartet der Tod

Martin Hyun

Seit einigen Jahren verbringen Dani und ich unseren Urlaub regelmäßig an der Ostsee. Dabei ist Dani unsere Expertin für die Auswahl der perfekten Unterkunft und der idealen Lage. Sie stellt sicher, dass wir nicht aus Versehen in einer völkischen Siedlung landen. Bei unserem letzten Aufenthalt in Mecklenburg-Vorpommern hatte sie ein entzückendes Ferienhaus gefunden. Es besaß einen charmanten Wintergarten und bot großartige Möglichkeiten für Fahrradausflüge. Als wir am Ferienhaus ankamen, wurden wir vom Vermieter begrüßt. Er schien etwas beschwipst zu sein, vermutlich aufgrund seines Alkoholkonsums.

»Ich komme gerade von der Wolfsschanze!«, sagte er stolz. »Mit meinen Kameraden war ich auch in Groß Born!«, fügte er hinzu.

In meinem Kopf schrillten die Alarmglocken. Ich warf einen verstohlenen Blick zu Dani, die die Ruhe selbst zu sein schien. Während ich unsere Fahrräder in den Schuppen schob, fielen mir an der Wand Blechschilder mit

Wehrmachtssoldaten auf. Dieser Abend schrie förmlich nach einem intensiven Gespräch mit Dani über ihre Location-Suchkünste. Immerhin hatten wir das Ferienhaus für ganze zwei Wochen gebucht. Der Vermieter blieb hartnäckig und versuchte, uns in diesen zwei Wochen regelrecht zu Volkstänzen und Singabenden zu überreden. Wir lehnten höflich ab und tanzten stattdessen geschickt um ihn herum. Kein Supervisor und keine mobile Beratungsstelle waren in Sicht, um uns zu beraten. Dani und ich waren auf uns gestellt und fühlten uns ein bisschen wie in einem Survivalurlaub.

Zurück in Berlin, dachte ich darüber nach, wie man mit rechtsextremen Nachbarn umgehen könnte. Da fiel mir ein: In Lüneburg verwirklichten sie eine besonders kreative Idee, um gegen Rassismus anzukämpfen. Dort haben sie 17 Parkbänke in der Innenstadt aufgestellt. Die Besonderheit: Die Sitzfläche ist einen Platz kürzer als die Rückenlehne, auf der groß steht: »Kein Platz für Rassismus«. Und zum »Internationalen Tag gegen Rassismus« setzte die Stadt Eberswalde ein farbenfrohes Statement mit bunten Schirmen.

Es steckt eine Strategie dahinter, wie sich Rechtsextreme in kleinen Dörfern einschleichen: Sie tauchen im Gemeinderat auf, werden Teil der Freiwilligen Feuerwehr, besetzen Positionen im Fußballverein oder in der Kleingartenanlage und inszenieren sich als freundliche Nachbarn. In Braunau am Inn in Oberösterreich, dem Geburtsort von Adolf Hitler, wo er nur knapp ein Jahr seines Lebens verbrachte, versuchte man, dessen Geburtshaus zu neutralisieren, quasi zu entnazifizieren. Hitler hatte immer den Wunsch, dass es für administrative Zwecke genutzt werden sollte. Doch die Nachbarn hatten die Nase gestrichen voll von den Neonazis, die es zur Pilgerstätte umfunktioniert hatten. Die Drogeriemarktkette dm wollte ihren Beitrag zur Entnazifizierung leisten und zeigte Interesse an dem Bau, scheiterte aber aufgrund ihrer Initialen, die auch als »Deutsche Markenprodukte« interpretiert werden können. Eine Kommission des Innenministeriums entschied sich schließlich für eine bürokratisch-administrative Nutzung, um den Neonazis den Zugang zum Gebäude zu verwehren.

Ich bewundere auch den Widerstand zweier Pensionäre, die Nachbarn eines Neonazis sind, der in Kamp-Lintfort ein Begegnungszentrum für Gleichgesinnte geschaffen hat. Statt Kaffeekränzchen und Bingo-Abenden finden dort regelmäßig Nazigesänge statt, Fenster werden mit Steinen eingeworfen und Autoreifen zerstochen – das volle Programm. Die Rentner haben echt Nerven aus Stahl, wenn sie so etwas Tag für Tag aushalten.

Nerven aus Stahl hat auch mein Schwager. Er arbeitet in einem Seniorenwohnheim. Seine Geschichten sind der Stoff, aus dem Romane entstehen. Da gibt es beispielsweise Otto, einen Wohnheimnachbarn, der immer für Chaos in seinem Zimmer sorgte, bis er plötzlich in Perfektion aufräumte. Mein Schwager fragte ihn, woher sein überraschender Sinneswandel und Ordnungswahn komme. »Das habe ich in der Hitlerjugend gelernt!«, flüsterte Otto ihm leise ins Ohr.

Mein Schwager erzählte mir auch von einem demenzkranken Hausmeister, der im Flur spontan alle Elektrogeräte, einschließlich des Kühlschranks, auf Stromentzug gesetzt hatte. Zudem forderte er alle Nachbarn auf, dass sie endlich sein Anwesen verlassen sollten. Einmal entwich eine bekannte Schauspielerin aus den Mauern des Wohnheims für einen Gourmetausflug in ein nahe gelegenes Restaurant. Sie schlemmte nach Herzenslust, und als die Rechnung kam, verwies sie elegant auf das Seniorenheim. So kannte sie es eben aus ihren glamouröseren Tagen. Oder die Zimmer-Hopperin, die sich täglich ein neues Abenteuer mit den Herren der Etage leistete. Oft wurde sie in den Betten ihrer männlichen Wohnheimnachbarn erwischt und höflich gebeten, sich wieder in ihr Zimmer zu begeben.

»No one here gets out alive«, hat Jim Morrison mal gesungen. Niemand kommt hier lebend raus. Die vorletzte Station auf dieser Achterbahnfahrt namens Leben ist oft das Seniorenwohnheim. Danis Tante landete dort nach Beckenbruch und Ohnmachtsanfällen. Nach ihrem Umzug besuchten wir die Tante. Irgendwann kam ein Zimmernachbar unangekündigt herein. Er schaute uns apathisch an. Bekleidet war er nur mit einem Bademantel. Ich kam mir vor wie mitten in einer Szene aus »Freitag, der 13.«.

»Raus hier!«, schrie Danis Tante den ungebetenen Gast an.

Der zog sich daraufhin langsam zurück, wahrscheinlich auf der Suche nach der nächsten Tür, die er öffnen konnte, in der Hoffnung, dass es seine sei.

»Der war mal Generalleutnant der Bundeswehr und ist jetzt ziemlich dement«, klärte Danis Tante uns auf.

Beim Abschied salutierte ich vor ihm im Flur, wo er eine Diskussion mit der Wand führte.

Dani und ich haben einen Entschluss gefasst: Wir wollen später mal unsere Autonomie so lange wie möglich bewahren, keine unerwünschten Stromausfälle verursachen und Restaurantbesuche auf eigene Rechnung machen.

Am Ende der Reise lauert der Tod, ein Abschnitt, der unseren Radius auf eine sehr kleine Fläche reduziert. Bestattungswünsche können geäußert werden, aber bei den Nachbarn im Jenseits hat man nicht viel Mitspracherecht. So wie man im Leben manchmal im Kino neben dem lauten Popcornkauer landet, kann es sein, dass man sich im Jenseits neben einem übermäßig redseligen Nachbarn wiederfindet. Für das Grab schließt man seinen letzten Mietvertrag ab – ohne Chance auf Probeliegen. Es ist wie eine Lotterie, nur dass der Jackpot keinerlei Anreize bietet. Vielleicht landet man in einer netten Gegend, umgeben von friedliebenden Nachbarn, oder man findet sich neben einem Ex-Neonazi wieder, der versucht, seine Vergangenheit zu rechtfertigen. Heinrich Heines Grabspruch auf dem Friedhof von Montmartre in Paris spricht vermutlich vielen aus der Seele: »Wo wird einst des Wandermüden letzte Ruhestätte sein? Unter Palmen in dem Süden? Unter Linden an dem Rhein? (…) Immerhin. Mich wird umgeben Gottes Himmel, dort wie hier. Und als Totenlampen schweben nachts die Sterne über mir.«

Im Leben wie im Tod hat man nicht immer das Vergnügen, sich die Nachbarschaft auszusuchen. Daher ist es ratsam, stets mit Mitgefühl, Verständnis und Respekt zu handeln – so wie Elvis Costello es in seinem Song »Peace, Love and Understanding« besingt. Costello hat diesen Song oft als eine Art Hoffnung auf Verständnis und Einheit in einer zerrissenen Welt beschrieben. Oder man hält es mit dem Credo meiner amerikanischen Gastmutter: »Ziehe niemals deine Mitmenschen ab. Lande nicht im Krankenhaus, in den negativen Schlagzeilen, im Fernsehen oder gar im Gefängnis. Und wenn du im Gefängnis landest, dann sichere dir ganz schnell die Vorherrschaft.«

Unzertrennliche Nachbarn: Tag und Nacht

Wladimir Kaminer

Ich lebe gerne nachts. In meinem Kindergarten in der Partisanenstraße in Moskau, in der »Gruppe des verlängerten Tages«, wurden wir von unserer Erzieherin, der dicken Tamara, zum Mittagsschlaf verdonnert. Das hieß, alle Kinder mussten mitten am Tag ins Bett schlüpfen und eine Stunde lang mit geschlossenen Augen auf dem Rücken liegen. Die dicke Tamara hatte keine Lust, uns selbst zu kontrollieren. Sie zeigte mit dem Finger auf Lenin, dessen Bild an der Wand des Schlafraums hing, und drohte, wir sollten still sein, sonst gebe es Ärger. Der Führer des Weltproletariats würde uns nämlich immer im Auge behalten und der dicken Tamara später erzählen, wer nicht geschlafen und die Augen offen hatte. Dabei war es kaum möglich, im Kindergarten zu schlafen, denn es war die ganze Zeit sehr hell. Überhaupt ist mir meine Heimat, die Sowjetunion, als ein zwangsbeleuchtetes Land in Erinnerung geblieben, es brannte ständig überall Licht.

Der Führer des Weltproletariats hatte nicht umsonst einmal gesagt, der angestrebte Kommunismus sei nur möglich bei vollständiger Elektrifizierung des Landes. Bei Licht konnte der Staat seine Bürger besser kontrollieren, damit sie nicht zu viel nahmen und zu wenig gaben. Jahre später, als ich in einem Flugzeug von Moskau nach Omsk saß, konnte ich sehen, woran die Idee des Kommunismus gescheitert war: Das große Land war dunkel wie die Nacht, die Hauptstadt schien die einzige Glühbirne zu sein, die nicht kaputtgegangen war. Im Kindergarten lernte ich, tagsüber zu schlafen, es half mir später, länger wach zu bleiben, denn die Nacht war zum Schlafen zu schön.

Die rostigen Räder des Alltags drehten sich im Leerlauf, tagsüber waren die Bürgerinnen und Bürger mit der Pantomime des sozialistischen Aufbaus beschäftigt, sie gaben sich Mühe, nicht aufzufallen, einen zufriedenen loyalen Gesichtsausdruck zu haben und nur das Richtige zu tun. Das wahre Leben begann erst nachts, die Dunkelheit brachte die Befreiung. Mein Studium an der Theaterschule und mein Praktikum am Theater machten aus mir endgültig einen Nachtmenschen, denn das Interessanteste fand im Theater am späten Abend und in der Nacht statt.

Der Wahrheit halber muss an dieser Stelle gesagt werden, es gab auch die Vormittagsproben in unserem Theater. Die Vormittagsproben wurden als Strafmaßnahme für die Schauspieler eingesetzt, die das heiligste Theatergesetz gebrochen hatten, niemals in betrunkenem Zustand die Abendbühne zu betreten. Die Schauspieler tranken viel, es war bei ihrem Beruf unvermeidbar. Nach der Stanislawski-Schule mussten sie die Figuren, die sie spielten, verinnerlichen, in den gespielten Charakteren aufgehen. Wie sollten sie das nüchtern anstellen bei dem anstrengenden

Spielplan, der zu gleichen Teilen aus klassischen Theaterstücken und politischer Agitation bestand? Es war nicht leicht, wenn man an einem Abend den Hamlet gab und am nächsten den Lenin. Der Alkohol machte diese Umstellung möglich, hatte allerdings eine Nebenwirkung. Manchmal verloren die Schauspieler jeden Sinn für Realität und wussten nicht mehr, ob sie gerade Hamlet oder Lenin waren. Für diese verlorenen Menschen wurden die Vormittagsproben angesetzt.

Nach dem Praktikum am Theater landete ich in der sowjetischen Armee, auch dort musste ich nicht früh aufstehen. Bei der Raketenabwehr durfte ich zwischen Tag- und Nachtschicht wählen, ich nahm natürlich die Nacht. Diese Nächte hielten mich wach, sie halfen mir, nicht durchzudrehen. Die jungen Soldaten in unserer Einheit kamen aus allen 15 Republiken des Landes, die Nächte nutzten wir zum Reden, Träumen und Einanderkennenlernen. Nachts werden die Menschen mutiger, offener, und sie sehen besser aus.

Interessanterweise sind die wichtigsten politischen Entscheidungen, die unser Leben nachhaltig beeinflusst haben, nachts gefallen, wie der Zerfall der Sowjetunion oder der Mauerfall. Laut offizieller Geschichtsschreibung fand die Öffnung der Mauer kurz vor Mitternacht statt. Tagsüber hätten sich die Offiziere das nicht getraut.

Es hat viele Gründe, das Nachtleben mehr als das Tageslicht zu schätzen. Die Sonne führt uns die Banalität des Daseins vor, sie blendet und betäubt. Der Mond stellt umgekehrt alles infrage und entfaltet eine magische Anziehungskraft. Nicht umsonst ist der Mond bei Künstlern und Malern so beliebt, viel mehr als die Sonne. »Der frühe Vogel fängt den Wurm«, lehrt uns eine Volksweisheit. Der

Tag ist prädestiniert dafür, Würmer zu fangen, er ist laut und grell und bringt eine hektische Geschäftigkeit mit sich. Doch was ist, wenn man keine Würmer fangen will?

Die Nacht ist still und sanft, eine Zeit des Schweigens und des Berührens, nachts fällt uns auch die soziale Kommunikation leichter, die Menschen sehen besser aus, und sie können die feinen Unterschiede sehen. Zum Beispiel den Unterschied zwischen Realität und Wirklichkeit. Realität findet am Tage statt, die Wirklichkeit kommt nur nachts zum Vorschein.

Möglicherweise unterscheiden nur die Deutschen und die Russen zwischen Realität und Wirklichkeit, die Engländer oder Franzosen haben für beides lediglich ein Wort. Die Deutschen wie die Russen wissen, dass die Wirklichkeit größer und vielschichtiger ist als jede Realität – sie besteht aus unseren Träumen und Sehnsüchten, aus Hoffnungen und Ängsten, aus Unaussprechlichem und Unermesslichem, während jede Realität, kompakt erklärt, auf eine Zeitungsseite passt. Beide, Deutsche und Russen, schauen dem Chaos der Wirklichkeit direkt ins Auge und versuchen jeweils auf ihre Weise, daraus eine erträgliche Realität zu basteln. Die Deutschen strengen sich an, das Chaos in eine Ordnung zu verwandeln, alle realen und potenziellen Asylbewerber des Planeten zusammenzuzählen, in Reih und Glied aufzustellen, die Obergrenzen für zumutbares Leid und Not gesetzlich festzulegen und alle bevorstehenden Krisen, Kriege und Flüchtlingswellen in einer Warteschleife verweilen zu lassen. Sie sollen bitte schön nicht alle gleichzeitig, sondern nacheinander kommen, damit wir unsere Prioritäten exakt setzen und alles Notwendige vorsorglich der Reihe nach erledigen können.

Die Russen sehen dagegen im Chaos die Ausrede für alles, was schiefgelaufen ist, sie suchen darin eine Erlösung, die Vergebung für bereits geschehene und noch nicht begangene Sünden. *Nobody is perfect*, und ja, es ist vieles schiefgelaufen, eigentlich alles. Alles ist schiefgelaufen, wenn man ehrlich ist, sagen die Russen. Es gibt keinen freien Willen, jede Wahl ist nur Lug und Trug, wir werden permanent versklavt, von aggressiven Kriegsherren, vom hinterhältigen Kapital und seiner Dienerin, der künstlichen Intelligenz. Das Leben ist schmerzhaft, aber kurz. Und die ganze Geschichte der Menschheit besteht aus abgebrochenen, verschobenen, stillgeredeten Kriegen. Nur im Traum kann sich ein Mensch frei fühlen, und das Träumen kann uns niemand verbieten.

So bleiben die beiden Völker in ihrem selbst erschaffenen trügerischen Bühnenbild gefangen. Die Deutschen balancieren auf einem dünnen Seil zwischen »dem bestirnten Himmel über mir und dem moralischen Gesetz in mir«.

Die Tatsache, dass hierzulande an vielen Orten ein halbes Jahr lang kein einziger Stern am bedeckten Himmel zu sehen ist und es keine allgemein verbindende Moral oder Unmoral eines ganzen Volkes geben kann, weil wir sehr viele sind, auch der Kannibale von Rotenburg oder der Altbundeskanzler Gerhard Schröder gehören dazu, diese Tatsache wird ausgeblendet. Die Realität wird den Politikern überlassen, nachts regieren die Künstler, nur sie können die Wirklichkeit erfassen. Der ungekrönte König des Nachtlebens ist für mich Caspar David Friedrich. Er mochte tagsüber schlafen, zum Malen wählte er die Nacht: »Meeresküste bei Mondschein«, »Mondaufgang am Meer«, »Meeresufer im Mondschein« und natürlich mein Lieblingsbild »Zwei Männer in Betrachtung des Mondes«, auf dem der Künstler sich selbst in Begleitung eines Kosmonauten an einem Felsen abgebildet hat. Beide Männer werden von einem Vollmond angestarrt.

Man muss kein Kunstkenner sein, um die besondere Beziehung des Malers zum Mond zu entdecken. Caspar David Friedrich mochte Beständigkeit. Er wusste, die Sonne ist eine Illusion, die dauernd verschwindet, sie ist mal da und mal nicht. Der Mond ist immer da, auch tagsüber habe ich ihn schon mehrmals am Himmel gefunden, er geht nie ganz weg, hängt üblicherweise halb unsichtbar in einer Ecke und kommt aus angeborener Bescheidenheit nur dann richtig hoch, wenn die Sonne weg ist. Der Mond blendet uns nicht, er ist gut zu uns Menschen, in seinem weichen Licht sehen wir anständig und schön aus, nicht so wie am Tage. Deswegen werden zum Beispiel die Fernsehshows immer in der Dunkelheit gedreht. Gleichzeitig ist der Mond so zart und labil, er verändert stets seine Form, an manchen Tagen nimmt er gefährlich ab, und manchmal droht er gänzlich zu verschwinden, dann plötzlich nimmt er wieder zu, der Mond ist niemals alle, das wirkt beruhigend. Das Wichtigste am Mond ist aber seine Nähe. Er ist so nahe und trotzdem unerreichbar.

Es gibt natürlich Menschen, die sich von der Magie der Nacht gekränkt fühlen und alles daransetzen, um sie zu zerstören. Bereits als Kind hasste ich die Kosmonauten, die jeden Abend im sowjetischen Fernsehen mit ihren Schläuchen herumwedelten. Die Kosmonauten verkörperten für mich alle Eigenschaften eines vulgären Spießers: die pathologische Unfähigkeit, Distanz zu wahren, den ständigen Drang, seinen Schlauch in fremde Angelegenheiten zu stecken, die ihn nichts angehen. Diese Menschen mussten alle aufklären, allen erzählen, was Sache ist. Das geheimnisvolle Universum, den bestirnten Himmel und die Planeten machten sie kurzerhand zu einer Müllhalde, einer zufälligen Ansammlung von Stein und Staub. Der amerikanische Astronaut war angeblich in seinem hässlichen Krankenhausanzug sogar auf dem Mond gelandet und hatte dort eine Flagge in den Sand gesteckt. Auch meine Landsleute waren lange dabei, den Weltraum zu erobern, zum Glück haben sie es nicht bis zum Mond geschafft.

Auf dem Bild »Zwei Männer in Betrachtung des Mondes« erklärt Caspar David Friedrich dem Kosmonauten, man müsse nicht überallhin. Das Universum sei nicht zum Erobern da, sondern zum Staunen und Bewundern.